大学生健美操教学理论与实践研究

王迎新 著

吉林出版集团股份有限公司
全国百佳图书出版单位

图书在版编目（CIP）数据

大学生健美操教学理论与实践研究 / 王迎新著 . -- 长春 : 吉林出版集团股份有限公司, 2023.3
　　ISBN 978-7-5731-3159-1

Ⅰ. ①大… Ⅱ. ①王… Ⅲ. ①健美操 – 教学研究 – 高等学校 Ⅳ. ① G831.3

中国国家版本馆 CIP 数据核字 (2023) 第 057028 号

大学生健美操教学理论与实践研究
DAXUESHENG JIANMEICAO JIAOXUE LILUN YU SHIJIAN YANJIU

著　　者	王迎新
责任编辑	蔡大东
封面设计	李　伟
开　　本	710mm×1000mm　　1/16
字　　数	210 千
印　　张	12.5
版　　次	2023 年 3 月第 1 版
印　　次	2023 年 3 月第 1 次印刷
印　　刷	天津和萱印刷有限公司

出　　版	吉林出版集团股份有限公司
发　　行	吉林出版集团股份有限公司
地　　址	吉林省长春市福祉大路 5788 号
邮　　编	130000
电　　话	0431-81629968
邮　　箱	11915286@qq.com
书　　号	ISBN 978-7-5731-3159-1
定　　价	75.00 元

版权所有　翻印必究

前　言

当前，社会经济不断发展，人民生活水平日益提升，在享受丰富物质生活的同时，人们也愈发期望自己能够身体健康，体育是实现人们这一愿望的重要途径。对于全民健身而言，《全民健身计划纲要》是根本性指导，明确指出人民要普遍增强体育意识。然而实践表明，现如今大学生的身体素质愈发下降，他们更倾向于每日伏案学习，缺乏积极的体育锻炼意识，身体没有得到充分锻炼，更谈不上体育锻炼习惯的养成。针对于此，我们有必要重视大学生体育锻炼意识的提升。

一直以来，大学生被视为国家的栋梁，是国家和民族未来的希望，肩负着国家发展前进的重任。他们的身体健康不仅关系着自身的健康成长，影响其学习、工作以及科研情况，更影响着整个社会、国家、民族的进步和发展。伴随我国体育事业地不断发展和进步，人们对体育的态度也在发生转变，健美操渐渐成为一些学校体育课教学的必备项目。为适应现代社会发展的需要，学校也非常重视健美操的教学情况。健美操不仅可以锻炼身体，同时对人的形体也可以起到很好的塑造作用，因此出现了越来越多的业余学习者。大学生健美操的多元化发展趋势，与现代体育教学要求相适应，一脉相承于高校素质教育、人文教育。多元化的健美操活动，能够实现学生生理素质、心理素质的强化，对校园文化建设和学生终身体育习惯的养成都是大有裨益的。

本书共包含五章。第一章对健美操运动概况进行论述，包括健美操运动的起源与发展、健美操运动的价值及健美操运动的发展趋势。第二章的内容是大学生健美操的教学理论，包括大学生健美操发展概况、大学生健美操教学的科学理论、大学生健美操的教学内容与任务以及大学生健美操的教学方法与手段。第三章阐述了大学生健美操教学实践，从健身健美运动技能分析与教学、竞技健美操运动技能分析与教学、时尚健美操运动技能分析与教学及轻器械健美操运动技能分析与教学这四个方面展开论述。第四章对大学生健美操教学效果优化及教学创新进行了探究，包括大学生健美操健身效果评价、大学生健美操教学效果优化路径与大学生健美操教学创新。第五章探讨了大学生健美操运动损伤及防治，分析了大学生健美操中的运动损伤及运动损伤的预防与处理。

  本书理论观点清晰新颖，实践论述详尽实用，不仅做到了理论与实践的有机结合，也体现了作者最新的研究方向和成果。此外，本书结构严谨合理，语言通俗易懂，便于读者阅读和理解。对于教师的教学、学生的学习以及相关专业人士的研究来说，本书有着重要的借鉴意义和价值。

  在成书的过程中，作者得到学院领导及同仁的大力支持和帮助，他们提供了很多资料、书籍以及有价值的观点和意见。此外作者参考了大量的文献和专著，并引用部分专家和学者的观点，在此一并表示感谢。由于写作水平有限，书中难免有疏漏和不妥之处，还望广大读者批评指正。

王迎新

2022 年 7 月

目 录

第一章 健美操运动概况 ... 1
- 第一节 健美操运动的起源与发展 ... 1
- 第二节 健美操运动的价值 ... 19
- 第三节 健美操运动的发展趋势 ... 36

第二章 大学生健美操的教学理论 ... 41
- 第一节 大学生健美操发展概况 ... 41
- 第二节 大学生健美操教学的科学理论 ... 45
- 第三节 大学生健美操的教学内容与任务 ... 53
- 第四节 大学生健美操的教学方法与手段 ... 63

第三章 大学生健美操教学实践 ... 82
- 第一节 健身健美操运动技能分析与教学 ... 82
- 第二节 竞技健美操运动技能分析与教学 ... 94
- 第三节 时尚健美操运动技能分析与教学 ... 116
- 第四节 轻器械健美操运动技能分析与教学 ... 138

第四章 大学生健美操教学效果优化及教学创新 ... 148
- 第一节 大学生健美操健身效果评价 ... 148
- 第二节 大学生健美操教学效果优化路径 ... 156
- 第三节 大学生健美操教学创新 ... 167

第五章　大学生健美操运动损伤及防治……………………………… 181
　　第一节　大学生健美操中的运动损伤 ………………………… 181
　　第二节　大学生健美操运动损伤的预防与处理 ……………… 186
参考文献……………………………………………………………… 193

第一章 健美操运动概况

健美操是一项新型体育运动，其将美学、舞蹈、体操、音乐等融为一体，具有独特的魅力和价值，得到了人们的喜爱。本章主要对健美操运动概况进行介绍，重点阐述健美操运动的起源与发展、健美操运动的价值以及健美操运动的发展趋势。

第一节 健美操运动的起源与发展

一、健美操的概念

20世纪70年代，有氧健身运动在美国兴起，而这正是健美操的起源。"Aerobics"是健美操的英文原名，这一英文单词也被翻译为"有氧运动"或"有氧操"。在其刚刚传入中国时，人们从其运动特征出发，将"健美操"作为其中文名称。因为健美操属于新型体育项目，种类繁多，发展也十分迅速，所以人们对健美操并未形成统一的认识，而是有着各不相同的理解，人们对健美操的概念也是如此。

人们认为韵律操的创始人是米克曼（Meekman），米克曼是瑞典著名现代体操家，她认为，在创造韵律操动作的时候，应当将动作与人体运动规律相融合。同时，她主张韵律操应体现如下内容：现代音乐与身心的结合、运动的创造性、运动员的喜悦，人们可以将韵律操视为节奏体操的新式动作形态体操。她给韵律操下的定义为"系基于体操的根本理论，加上柔和音乐的节奏，并且具有创造性的一种运动类型"。米克曼的韵律操实际上就是我们现在所说的健美操。

日本的佐藤正子是米克曼的推崇者。她所创编的健美操，大部分采用"爵士技巧"，动作流畅、自然、别具风格。她对健美操的定义是"将具有效果的爵士技巧中之独立性和多中心性，应用于身体运动上，并根据体操的原理，融于运动之中，使之成为体操体系上的一环"。

美国健美操代表人物简·方达认为，她创编的健美操是一种"改善形体和心理感觉的体操"。

我国一些健美操专家，近些年来对健美操的定义也提出了各种各样的看法。

例如"健美操主要是将舞蹈和体操结合，配以流行的节奏音乐，达到有氧训练目的的体操""健美操是以人体为对象，以健美为目标，以身体锻炼为内容，以艺术创造为手段，融体操、舞蹈、音乐于一体的新兴体育项目""健美操是根据人体的生理特点，为了追求人体美，在音乐伴奏下所进行的体操与舞蹈动作结合的边沿性综合运动项目""健美操是将体操、舞蹈、音乐融为一体，以有氧练习为基础，以健、力、美为主要特征，以健身美体、陶冶情操为目的的一种追求人体健与美的锻炼手段""健美操是在音乐伴奏下，以身体锻炼为基本手段，以有氧运动为基础，达到增进健康、塑造形体和娱乐目的的一项体育运动""健美操是集音乐、舞蹈、体操、美学于一体，通过徒手、手持轻器械和专门器械的操作练习，达到健身、健美的目的，是具有竞技性、娱乐性和观赏性的一项新兴体育运动项目"。

列出上述各种对健美操的定义，是为了方便大家认识健美操，未来健美操的定义必将在不断地研究中得到进一步完善。

二、健美操的起源与发展

（一）国际健美操的起源与发展

追根溯源国际健美操，最早可至2000多年前，古希腊人崇尚人体健美，这在当时的世界并不常见。为了应对战争与更好的经商，古希腊人需要拥有强健的身体、剽悍的性格，并对此加以保持。在当时，无论男性还是女性，都喜好赤裸自己的身体，将橄榄油涂遍全身，在炎炎烈日下锻炼自己的身体，并将健美的身体展示和炫耀给旁人。在古希腊人眼中，世界上存在的一切事物中，最完美、最富生气、最庄重、最和谐、最匀称的，当属赤裸而健美的人体。他们甚至将炫耀赤裸而健美的人体视为一种至高无上的典雅行为，认为这种行为能够慰藉神明。所以，"裸体运动"曾一度风行于古代奥运会。古希腊人酷爱通过各种体育项目锻炼人体之美，如健美舞蹈、柔软体操、投掷、跳、跑等。除此之外，古希腊人明确主张"音乐陶冶精神、体操锻炼身体"。

古印度流行着一种瑜伽术，这种瑜伽术紧密结合意念、呼吸与姿势，通过调心（意守丹田入静）、调息（对呼吸加以调整）以及调身（将姿势摆正），及对意识进行运用，继而调节肌体，旨在延年益寿、健美身心。弓步、卧、坐、跪、立、站等各种姿势都属于瑜伽健身术动作，这些姿势基本与现如今世界流行的健美操的常用姿势一致。从中我们可以看出，现代健美操的形成与发展，正是以古代人对健美健身的追求为基础。

尽管人们已然遗忘了古希腊、古罗马等相关古典文化，然而，欧洲步入文艺复兴时期之后，这些古典文化又再一次得到振兴，人们开始分外重视"人体美"。在当时，禁欲主义遭受人文主义的猛烈抨击，同时，人文主义提出"灵肉一致"思想，对人体均衡发展的"健康美"加以歌颂，这些都对体操的发展起到推促作用。这一时期，体操运动中出现了跳板、跳桌、木马等新器械，这些新器械多在贵族学校得到应用。对于后来体操发展来说，这些都带来积极的影响。

16世纪，墨库里奥斯（1530—1606）于1569年出版了《体操艺术》，这位意大利医生在这六卷专著中，对各种形式的体操动作进行详细论述。18世纪，德国著名体育活动家艾泽伦既对培训体育师资的课程进行开设，又对新运动加以创设，如吊环、哑铃等。维特（1763—1816），欧洲最著名的体操倡导者，通过娱乐、游戏的形式对体操进行推广，使体操具有更强的趣味性。这些形式的锻炼，不仅是现代体操的起源，同时也称得上现代体操的雏形。约翰·古茨·穆尔（1759—1839）是闻名于世的"体操之父"，他提出，人们应当能够通过体操练习得到全面发展，同时感到心情愉快。世界上众多国家都对这一思想加以重视，这一思想也长久而深刻地影响着体操的发展。

步入19世纪，在欧洲，各种体操流派出现在捷克、丹麦、瑞典、德国、法国等国家。德国人斯皮特有着很强的音乐天赋，他将体操从社会向学校引入，同时还将音乐配以体操动作，从而让学生们伴随音乐完成体操动作；佩尔·亨里克·林，瑞典体操学派创始人，在体操运动中运用生理学、解剖学的有关知识解释体操的基本构成；布克，丹麦体操家，创造了"基本体操"，并将体操动作划分为几类，编成与不同年龄、不同性别相适应的各种体操；丹麦、瑞典、德国体操体系的形成与发展，从理论与实践两方面，为现代健美操奠定坚实基础。有学者认为，健美操的发展基于"基本体操"，所以将健美操作为体操的分支之一是有其道理的。

在法国，弗朗索瓦·德尔沙特建立了德尔沙特体系，旨在帮助演员在表演中展现出富有表现力的举止仪表，做到姿态自然。弗朗索瓦将两个新的特征赋予体操动作，分别为"富于表情"以及"美感"。由于佛朗索瓦对均衡与优美分外重视，而这又有力地促进了健美形体的发展，因此在19世纪末，德尔沙特体系广为流行于女子体操之中。来自美国的热纳维芙·斯特宾斯女士对瑞典学派亨里克·林的体系与德尔沙特的体系进行整合，将属于自己的健美操体系创造出来，旨在使身体训练成为能够对优美艺术进行表达的有效工具。热纳维芙的方法、观点，强烈地影响着欧洲现代健美操的发展。

雅克·克尔克罗兹是瑞士教育家，他设计出一种音乐体操，将音乐伴奏结合于描述肌肉活动。雅克设计的成套动作，旨在借助自然的身体活动，对学生的节奏感、音乐感加以发展。赫尔辛基大学的体操教师埃丽·布若尔克斯基提出了如下体操宗旨：体操不应局限于"提供身体练习"，而是应从压抑、紧张的状态中解放人的精神与思想，对和谐的个性进行培养。

通过对各体操流派的动作技术、教学方法、教育思想进行分析，我们可以看到，体操密切关联于现代健美操，二者不可分割。体操对人的姿态优美和身体健康予以注重，同时也重视动作节奏是否流畅，重视自然的全身动作。而这也是现代健美操发展初级阶段的探索。

现代健美操实际上是从20世纪70年代初开始萌芽的。1968年，美国空军运动研究室的库珀博士提出"Aerobics"——"有氧运动"或"有氧操"。他设计了一些动作并逐渐加上音乐伴奏和服装，这是他在对美国空军士兵及 NASA（美国太空总署）的太空人所设计的体能训练项目。这一方法一经问世，立即成为人们广泛认同和实行的运动健身方法。1969 年，杰姬·索伦森综合体操和现代舞创编了健美操，这种健美操带有娱乐性，简单易学，深受人们的欢迎。20 世纪 70 年代健美操在美国迅速兴起，并掀起热潮。真正把现代健美操在世界范围内广泛推广的，应该是美国著名影星与女子健美运动的积极倡导者简·方达。

20 世纪 70 年代，简·方达是新崛起的好莱坞电影明星，曾经两度夺得奥斯卡金像奖，并夺得了第 30 届戛纳国际电影节最佳女主角。为了让自己始终拥有苗条体型，简·方达使用了多种减肥方法，如"呕吐""节食"，甚至服用利尿剂、可卡因，这些行为严重损伤了她的身体。渐渐地，通过自身失败的减肥经历，简·方达真正意识到，持久的美、真正的美应当是健康之美，由此她开始进行体育锻炼，利用健美操这一方式保持自身体态的苗条以及身体的健康。简·方达总结自己在健美操锻炼过程中拥有健美形体的成功经验，并撰写了《简·方达健身术》一书，将健康的减肥方法介绍给人们。简·方达通过自己的名声现身说法，大加提倡健美操运动。1981 年，《简·方达健身术》一书首次于美国出版，随后其被翻译为 20 多种文字，发行于世界上 30 多个国家，并且畅销不衰，引起全球轰动。受简·方达的影响与感召，世界各地纷纷兴起"健美操"运动，毫不夸张地说，这项运动可谓风靡全球。1984 年 9 月，一篇名为"遍及全球的健身热"文章刊登于美国《新闻周刊》，其大意表明，美国人对到蒸汽健身房锻炼身体以及跑步颇为热衷，同时他们认为令人浑身大汗淋漓的激烈运动具有很强的趣味性。健身舞，人们也将其称为"健力舞"，创编于美国人杰姬·索伦森。健身舞源于现代舞与体操的综合，较为简单、易于学习，同时还有很强的娱乐性，并不枯燥。研究表明，在美国，已有近 2000 万人跳健身舞，这一人数几乎接近在美国打网球的人数。除此之外，健身舞不再是妇女的专利，男人也开始跳健身舞，旨在对疲劳进行消除以及对体型的健美进行保持。

1986 年，我国《参考消息》引用美联社的报道，称美国甚至已经开始使用机器人对健美操进行教学。例如，在印第安纳州伊万斯维尔，一个名叫"萨利"的机器人向人类给出如下指令：直立、坐下、双腿放在地板上、摇头……当完成健美操后方命令停止。报道认为，这场面十分美妙。相关调查表明，美国人每年在健美操、舞蹈、体操方面花费达到2.4亿美元。

1985年，美国首次举办了一年一度的阿洛别克健美操锦标赛，由此，健美操渐渐向着竞技性运动方向发展。参赛者的每套健美操都包括四类规定动作，分别为5s连续原地跳、4次高踢腿、4次仰卧起坐、4次俯卧撑，除此之外，还有大量的民间舞蹈动作、现代舞动作和徒手操动作，还包括很多简单的技巧性动作，如劈叉、后软翻、鱼跃软翻、前滚翻等。这些动作大多采用对称式设计，有左便有右，有前定有后，既保证造型美观，又十分巧妙。在每分钟144—156拍的快节奏音乐伴奏下，运动员对体操和舞蹈进行表演，将自身的活力与青春充分显现出来。最近20年来，美国的竞技健美操（主要目的为竞技比赛）和健美操（主要目的为健美、健身）在全球范围内始终居于领先位置。

在意大利的罗马，健美操场所多达40处，每天从早到晚都有来做操的人，可谓络绎不绝。在西班牙，爵士操、健美操都比较受人们喜欢，1983年，《健与美》节目最受观众欢迎，该节目的主持人埃娃·纳雷，是一名年轻的健美操教师。当时，电视机前成千上万的西班牙人学习健美操。在保加利亚、波兰等欧洲国家，也广泛普及了健美操运动。

健美操在亚洲也有着风起云涌的发展。1982年10月3日，日本召开"国民体育大会"，有420名超过50岁的老人对"健身体操"进行表演。1984年，日本举行首届远东健美操大赛。1987年，日本倡导人们通过健美操的方式减轻过多体重。与此同时，日本成立健美操协会。在韩国、新加坡、菲律宾，也建设了很多健身俱乐部和健美操活动中心。健美操是健与美的体育项目，从西方到东方都广受人们喜爱，作为人们主要的健身方式，世界范围内的"健美操热"自此形成。

（二）我国健美操的兴起与发展

健美操在我国并非是无源之水、无本之木，而是有深厚的历史文化底蕴的。早在2500年前，孔子就主张"尽善尽美"。他讲究身体姿态端正：坐车时正立执绥。墨子讲究"善美"，荀子则进一步发展了健美观，主张把身体的健美和精神的高尚相融相通。《论语·八佾篇》有"八佾舞于庭"的记载。在《毛诗序》上也记载着"情动于中而形于言,言之不足,故嗟叹之,嗟叹之不足,故歌咏之,歌咏之不足,不知手之舞之,足之蹈之也。"这种"手之舞之,足之蹈之"的"舞动"就实现了人体"美"与"健"的结合。

1979年,在湖南长沙马王堆三号墓中,我国出土了一张名为《导引图》的帛画,其来自西汉时代。《导引图》上描绘着44个人物,这些人物年龄不同、性别不同,他们在画中做出种种不同的姿态,有坐、蹲、立、站等基本姿态,有跳跃、转体、弓步、臂屈伸等各种动作,可以说与如今的体操动作十分类似。汉代的"七盘舞"某种程度上就是古代的"艺术体操"。舞者起舞时,"历七乐而纵疑""裙似飞鸾,袖如回雪""罗衣从风,长袖交横",其舞姿优美而又轻盈,动作熟练而敏捷,"浮腾累跪,时踢摩跌",堪称技艺与舞蹈的完美结合。

东汉时期,名医华佗曾经将引导术结合于对五种动物(鸟、熊、鹿、虎、猿)的活动姿态的模仿,将《五禽戏》创编而出。《五禽戏》中的动作有趣而生动,有着美观的造型,能够充分锻炼人的各部分肌体,起到良好的健身功效,同时还能有效地预防疾病。所以,《五禽戏》可称得上我国早期的"养生保健操",其蕴含的养生思想十分可贵。

1905年,在大通师范学堂,陶成章、徐锡麟增设了"体操专修科"。1908年,我国第一所体操学校创办于上海,该体操学校以舞蹈、音乐体操、兵式体操、器械体操、徒手体操等为主要教学内容。1937年,《女子健美体操集》(马济翰等著)被我国康健书局出版,书中共有五章内容,包括"女子健康柔软操""增加肉体美的五分钟形体操""中年妇女美容体操""妇女健美运动""貌美与体美",对徒手健美操动作加以介绍,十分详尽地论述了女性对人体美的追求,同时,书中更囊括许多图片,超过30余幅图片。《女子健美体操集》中的动作,十分类似于现代女子健美操。随后,康健书局又对《男子健美体操集》进行出版,在《男子健美体操集》中,对健美操在"增进人体美"方面的要求、方法、价值进行详细阐述,同时也增添了一些轻器械的练习内容,如哑铃等。同样,《男子健美体操集》中的很多动作,也十分相似于现代健美操。《女子健美体操集》和《男子健美体操集》的出版,表明在20世纪30年代,我国就已开始对欧美各国健美操进行介绍,并加以开展。

20世纪70年代末至80年代初，我国也掀起了健美操热。伴随我国教育改革被引向纵深，开始在教学上对德、智、体、美、劳全面发展予以注重，并大力提倡。在学校教育中，"美育"所占的地位愈发凸显。所以，对于我国美育教育而言，健美操的引进以及兴起，无疑为之带来了一种重要手段。1981年1月4日，《人体美的追求》发表于《中国青年报》（星期刊），该文为特约稿，作者为陆保钟和牛乾元。次年2月，《美，怎样才算美》于中国青年出版社出版，该书印数高达29万册，书中对"男青年哑铃健美操"（牛乾元编制）以及"女青年健美操"（陈德星编制）进行选登，自此之后，广大体育工作者开始使用"健美操"一词。1982年底，上海电视台对娄琢玉的持环健美操、形体健美操等专题节目进行录制。1983年，体育报增刊《健与美》在人民体育出版社出版。自1984年春起，中央电视台播放了一系列健美操节目，如马华创编的"动感组合""美国健身术""健美五分钟"、孙玉昆创编的"女子健美操"等，这些都积极地引导着健美操在我国的宣传与普及。

1984年，北京体育学院组建健美操教研组，其目的在于大学教育更好地与健美操的发展相适应。健美操教研组编排出"青年韵律操"并加以推行，迅速在全国各大专院校传播开来。众多青年学生怀抱极大热情，对"青年韵律操"进行学习，掀起一阵热潮。基于此，我国各大专院校中，健美操得到了广泛而迅速的普及。自此之后，很多高校都在教学大纲中加入健美操内容，并将其作为一项十分重要的体育教学内容。我国也出版了各种健美操教材，对健美操的理论研究逐步深入。

1986—1988年我国处于以健身为主要目的的健身健美操和以竞技为主要目的的竞技健美操大发展时代。其中，以健身为主要目的的健身健美操发展十分迅猛。1986年7月，康华健美康复研究所作为主办方，在北京举办了全国首届"康康杯"儿童健美操友好邀请赛。次年1月，"北京市首届青年韵律操比赛"成功举办，举办方为北京市团委、北京体育学院。1987年5月，"达尔美杯"群众自编健美操电视比赛举办于上海。1988年，"全国少年儿童韵律操邀请赛"成功举办，举办方为国家体委群体司。1987—1988年，在青年健美操和少年儿童健美操之后，我国中老年健美操也迎来迅速发展。1988年1月13日，《体育报》在头版头条报道了全国中老年迪斯科健美操开展的盛况，大字标题是"跳起来吧，振奋精神。乐起来吧，健美体魄。"健美操，迪斯科健身舞，健美运动等群体新潮走进人们的生活。同年7月，《世界体育大观》杂志出版了《中老年健身迪斯科》增刊，以"年逾花甲，满头银发，艳丽服饰，舞姿潇洒，身心健康"为口号，宣传和号召中老年人学做由陆鸿斌等人创编的不同风格的九套中老年迪斯科健身操。1988年10月上旬，"全国中老年迪斯科健身操（舞）电视大奖赛"成功举办，主办方包括中华全国体育总会群体部、体育报社、中国老年人体育协会等，这项比赛推动我国中老年健美操向新的高峰不断发展。

在我国，不仅健身健美操得到迅速发展，竞技健美操（其与健身健美操不同，主要目的为"竞技"）发展速度也非常快。1986年4月6日，首届"全国女子健美操邀请赛"在广州举办，其中包含个人与集体两项比赛，共有8省市9支代表队参赛。"全国女子健美操邀请赛"开创我国竞技健美操先河，对我国健美操发展的结果进行展示。次年5月，全国首届"长城杯"健美操友好邀请赛成功举办，其由五个单位联合举办，分别为中央电视台、北京体育学院、康华健美康复研究所等。首届"长城杯"健美操友好邀请赛对美国阿洛别克健美操的比赛项目进行借鉴，同时也与我国健美操比赛特点相结合，总共包含五个项目比赛，分别为混合六人、混合双人、三人操及男女单人。其中，每套操都有时间要求和特定动作要求，这和美国阿洛别克健美操比赛是一样的。全国各省市30多个队伍（约200名运动员）参加了此次比赛，堪称"盛况空前"。1989年1月，第三届"长城杯"健美操邀请赛在贵州举办，其对我国第一部有中国特色的健美操竞赛规则进行使用，同时，该竞赛规则也通过了国家体育运动委员会的审定，由此，我国竞技健美操得到了进一步发展，大步迈向国际化方向。

我国健美操于1987—1988年走向世界。1987年11月，北京体育学院健美操队对日本进行访问，对于我国健美操运动而言，这是其第一次走出国门。次年6月，"长城杯"国际健美操友好邀请赛正式举办，举办方为中央电视台和康华健美康复研究所。参赛运动员共计30余人，他们来自不同国家、地区和机构，如中国、巴西、日本、美国、克拉克国际健美中心等。与此同时，国际健美操协会筹委会在北京成立，对国际健美操运动的发展提供动力。1995年12月，在法国，国际体操联合会首次举办世界健美操锦标赛，我国也第一次派代表队参加该项比赛。随后，我国健美操越来越多地交往、交流于国际。1997年4月，国际健美操联合会世界杯赛在日本举办，同年5月，第四届世界锦标赛在意大利举办，同年7月，国际竞技健美操冠军联盟世界健美操冠军赛在美国举办，而我国都派代表队参加了上述比赛。尽管我们未能在这些比赛中取得理想成绩，然而毋庸置疑的是，对于我国竞技健美操与世界接轨，这是一个非常好的开端。自1997年起，一直到现在，我国多次派人参加国际教练员培训班和国际裁判员培训班（这两个培训班皆由国际体操联合会组织），同时也频频对国外健美操专家发出邀请，希望其能来我国讲学。通过上述的国际学习与交流，我们能够对国际健美操的技术发展趋势以及有关动向有更及时、更准确的了解，也能够更加深刻地理解健美操技术与国际规则，并将其应用于实践，这些都对我国健美操运动发展大有裨益，同时也有利于提升我国健美操运动技术水平。

三、健美操的分类

当前，无论是我国健美操还是世界健美操，都有着众多种类，也有着不同的分类方法。从健美操运动的发展实际情况、任务以及目标来看，我们可以将其划分为如下三类：表演性健美操、竞技性健美操以及健身性健美操。

（一）健身性健美操

人们也用"健美操"直接称呼健身性健美操（以下简称"健身健美操"）。健身健美操是一种普及性、群众性的健身运动，具有防病、娱乐、健身价值，属于有氧运动。"增进健康、健身美体"是练习健身健美操的主要目的。所以，健身健美操有着流畅、活泼而简单的动作，适中的音乐速度以及很强的节奏感，并对实用性和针对性十分注重。其运动强度和动作难度相对较低，并不受时间、场地、器械和室内外环境的限制，不同年龄、层次、性别、职业的人都可以参加学习和锻炼。健身健美操常采用徒手练习，但有时也使用轻器械来进行练习。

近年来，伴随健身运动的不断发展，人们愈发深刻地理解、认识健身，也对健身产生个性化、多样化需求。基于此，很多新的健身健美操形式便应运而生，如街舞、瑜伽健美操、搏击健美操、拉丁健美操等。健美操运动也因这些新的健身形式而拥有更为丰富多彩的内容，能够与更广泛的人群相适应。

根据不同需求，我们可以对健身健美操进行更为详细的分类、命名。

首先，从年龄角度看，我们可以将健身健美操划分为幼儿健美操、儿童健美操、少年健美操、青年健美操、老年健美操等。当然，我们也可以用"年龄系统健美操"对上述健美操进行统称。年龄系统健美操是从人的不同年龄阶段出发，根据人在不同年龄的不同特征（如体能、体态、心理、生理等），有针对性地编排而成的健美操。

从人体解剖结构活动部位角度来看，我们可以将健身健美操划分为臀部健美操、腿部健美操、腹部健美操、胸部健美操、臂部健美操、肩部健美操、头颈健美操等。从名称来看，我们就能知道，这类健美操的针对性非常强，其创编目的主要是对人体的某个部位进行专门锻炼。

从练习的任务、目的角度来看，我们可以将健身健美操划分为跑跳健美操、活力健美操、节奏健美操、减肥健美操、形体健美操、姿态健美操、韵律健美操等。这类健美操的编排旨在对某种目的性进行突出，如实现动作力度、力量的提升，对动作节奏韵律加以增强，对多余脂肪进行代谢，实现体形改善，对人的正确姿态予以培养。

从练习形式这个角度来看，我们可以将健身健美操划分为徒手健美操、轻器械健美操以及特殊场地健美操。所谓徒手健美操，既包括传统意义上的一般性健美操，也包括各种不同风格的、能够对不同人群需求与兴趣进行满足的健美操，如街舞、瑜伽健美操、搏击健美操、拳击健美操等。所谓轻器械健美操，其主要目标为力量练习，是对轻器械进行利用的有氧健美操。轻器械健美操对各种可移动的轻器械进行利用，从而让人们在练习过程中既能实现健身效果的增强，又能采用更多种类的练习形式。当前，就世界范围来看，轻器械健美操是发展最快的，也是最受人们欢迎、喜爱的健身项目。轻器械健美操主要包括健身球操、皮筋操、杠铃操、哑铃操、踏板健美操等。在国外，特殊场地健美操凭借其所具有的特殊功效，发展迅速，不过在我国开展较少。特殊场地健美操包括固定器械健美操、水中健美操等。

除此之外，从性别角度出发，我们可以将健身健美操分为男子健美操、女子健美操；我们还可以按舞蹈、音乐、人名对健身健美操进行命名，如爵士健美操、迪斯科健美操、拉丁健美操、简·方达健美操等。

（二）竞技性健美操

竞技性健美操（以下简称"竞技健美操"）的产生、发展均以健身健美操为基础。所谓竞技健美操，就是按照技术规程、竞赛规则的要求创编出的成套动作，不仅能够对运动员高水平专项技术能力进行展示，而且具有很高的艺术性。竞技性健美操旨在通过比赛获取优异成绩。目前，国际体操联合会健美操委员会给竞技健美操定义如下："竞技健美操是在音乐伴奏下，表现连续复杂的和高强度动作的能力，该项目起源于传统的有氧健身运动。成套动作必须展示连续的动作组合，柔韧性、力量与七种基本步伐的使用并结合难度动作高质量的完美完成。"对运动员的身体素质、心肺功能、技术技能和艺术表现能力等均有较高的要求，在参赛人数、比赛场地、参赛服装和成套动作的时间等方面都必须严格按照规则进行。竞技健美操一般较适合于青年人。

当前，我国有很多大型竞技健美操比赛，如全国大学生健美操锦标赛、全国健美操锦标赛等。这些竞技健美操比赛项目包括如下五项，集体六人、混合三人、混合双人、男子单人、女子单人，相同于当前健美操世界锦标赛所设的正式比赛项目。

（三）表演性健美操

表演性健美操（以下简称表演健美操），是专门为表演而编创的成套健美操。表演健美操旨在通过表演对表演者的魅力与价值进行展示，对人们表现自我的需要进行满足，同时观众也能够通过观赏净化心灵、陶冶情操。表演健美操通常出现于节日庆典或特定的场合、活动中，其既具有娱乐性，又具有观赏性。

相较于健身健美操，表演健美操有着更为复杂多变的动作，因此对参与者提出更高的身体素质要求。在做表演健美操的时候，表演者既要有很好的协调性，又要能够熟练掌握表演技能，同时还要具备集体配合意识。

四、健美操的特点

（一）健与美的统一性

健美操，顾名思义，这项运动项目就是既注重于"健"，又注重于"美"，在体质、健康得到增进的基础上，有机地结合风度美、气质美、动作美、姿态美、形态美，既对内在美的培养进行强调，又对外在美的训练予以重视，具有鲜明的健美、健心、健身的自然性整体效应。

总的来说，健美操就是依照美的规律，对自身状态（自我）进行塑造，依照美的规律对表演动作、人体动作进行创编，旨在实现身心的内外兼修。健美操与其他健身操相区别的一大重要标志，就是"健与美的统一性"，同时，这也是健美操的本质特征。

（二）编操的科学性和整体性

健美操在创编时，会将对象的具体情况（如身体状况、职业、年龄、性别等）作为依据，将多学科科学理论（如体育美学、人体造型学、心理学、营养学、人体解剖学、人体生理学等）作为指导，科学地测定、分析众多因素，包括每套操的时间、顺序、数量、动作结构、身体各关节作用、有氧代谢、心率、形体等，因此有着很强的科学性。

在健美操动作的整体性上，也体现出编排的科学性。舞蹈中的民族民间舞、古典芭蕾和现代舞中的基本动作，体操中的队列队形、徒手动作等都是健美操的动作来源。然而，对于健美操动作来说，它们并不是单纯的舞蹈动作、体操动作，而是在结合健美操的特点，重新创编后的特有动作，其特点为小关节和对称活动多、富有弹性、活泼多变、造型美观、简单易行、讲求实效等。通过科学有序地排列组合、重复，这些动作构成了动作整体，且有着特定的功能。

（三）特有的力度性

对于健美操而言，"力"不仅是它的鲜明特点，也是非常重要的特点。所谓"力"，其实就是力度，指的是练习者完成动作时，动作熟练程度、动作变化速度以及肌肉用力的外在表现。"力"在健美操动作中表现为活力、弹力、力度、力量的综合。健美操运动要求很强的力量性和力度。无论是瞬间的控制力量（寸劲的）、延续的力量（柔性的）还是短促的力量（刚性的），都属于健美操的肌肉力量，都对练习者较高的力度感和个性风格予以展现。相较于体操中的力的表现，健美操动作则要更加自然、自由，削减机械与呆板。而相较于舞蹈中的力的表现，健美操动作则应该更加有力、欢快，削减柔软与抒情。健美操动作的"力"满载生命活力，是快速的、积极的，更是刚劲有力的，能够让人感受到敏捷之美、强健之美、流畅之美。优美的旋律、强劲有力的音乐也能表现出健美操的力，能够迅速地对调动人们的激情，将气氛烘托出来。当其结合于刚劲有力的动作，就能将健美操的力与美充分展现而出，让人感到活力四射、激情澎湃。因此，健美操表现出的"力"，属于较高层次的美感形式。

（四）强烈的节奏性

健美操动作节奏性非常强烈，通过音乐，我们能够明显感受到其具有的节奏性。所以，对于健美操来说，"音乐"便是其灵魂所在。健美操音乐大多来自摇滚、爵士、迪斯科等现代音乐，以及与上述现代音乐有着相同特点的民族乐曲。这里所说的特点，主要指的是音乐能够协调一致于动作，有着奔放热烈的风格、优美的旋律、强劲有力的节奏，能够对人们的情绪进行激发，对气氛加以烘托，能够让练习者跟随乐曲肆意发挥想象力，将身体运动的艺术美尽情展现而出，最终实现陶冶情操、消除疲劳、调节情绪以及提高表现力、韵律感、节奏性、协调性的目的。人们之所以深深地喜爱着健美操运动，不仅是因为健美操运动的动作具有时代感，也不仅是因为健美操运动所具有的种种功效，更是因为现代音乐赋予健美操的生机与活力。音乐与健美操运动的强烈的节奏性，让健美操练习拥有强大的感染力，也使健美操表演、健美操比赛拥有很强的观赏性。

（五）广泛的群众性

健美操属于时代进步的产物，它并不枯燥乏味，而是极具趣味性，能够将奔放、热情的情感体验带给人们，能够满足现代人自娱自乐的需要，也与现代人对健美与健康的追求相符合，所以广大群众也发自内心地喜爱健美操。健美操（特别是健身健美操）有着丰富多样的练习形式，不仅简单易学，而且练习者还可以根据实际情况调节运动难度与运动负荷，不同气质个性、不同技术水平、不同身体素质、不同性别、不同年龄层次的人，都能找到适合自己的健美操，参与到健身锻炼之中。在健美操练习中，各种人群都能找到适合自己的练习方式，在坚持训练的过程中，对自身不足进行弥补，实现体质的增强，同时，还能收获许多乐趣。除此之外，因为人们可以凭借自控力或者徒手来练习健美操运动，还可以对各种简单的轻重器械加以利用，以此展开练习，甚至可以利用简单的家具或者自制器械进行锻炼，不会受到室内外环境、器械、场地和时间限制，也不会受到下雨、下雪、刮风等天气影响，所以开展起来十分自由、方便。也正是如此，健美操有着非常广泛的群众性。

五、健美操组织及重大赛事

（一）国际健美操组织及重大赛事

1. 目前国际上最有影响力的健美操组织

（1）国际体操联合会

1881年7月23日，国际体操联合会在瑞士利斯成立。国际体操联合会是世界上最早的国际单项体育联合会，国际奥委会也对国际体操联合会予以承认。国际体操联合会原设有艺术体操、体操等项目，历史悠久，并有能力对项目发展方向进行把握。

（2）国际健身协会

1982年，国际健身协会成立，在美国设立总部。国际健身协会是世界上最大的国际性健身组织。现如今，国际健身协会中有23000余名会员，他们来自世界的80多个国家。该协会旨在将继续教育的机会和最新健身信息提供给世界各地的健身专家，它拥有自己的出版物，每年都会举办如"国际健身协会健身大会"等活动。

（3）国际健美操与健身联合会

20世纪80年代中期，国际健美操与健身联合会成立，在澳大利亚设立总部，共有40多个会员国。在太平洋地区以及亚洲，国际健美操与健身联合会影响力都很强，不仅每年举办健美操专业比赛，而且还对各种健美操培训班进行组织，同时负责国际健身指导员证书的颁发。

（4）亚洲康体协会

1991年，亚洲康体协会成立，在中国香港设总部。亚洲康体协会在亚洲的健身性国际组织中影响力最大。通过全球网络，亚洲康体协会对健康大力宣传，对教育予以支持，同时着力在亚洲发展健身教育、健康教育。如国际健身协会一样，亚洲康体协会同样拥有自己的专业出版物，对各种教育活动、健身宣传活动进行组织。例如，一年一度的"亚洲康体会议"以及"亚洲康体展"等。亚洲康体展首办于1997年，现如今，其在亚洲地区已经是最大规模的业界展览会，且最具国际性，也最为专业。

2. 国际健美操重大赛事

（1）世界竞技健美操锦标赛

国际体操联合会组织的正式比赛中，包含世界竞技健美操锦标赛。1995年，在法国巴黎举行的第一届世界竞技健美操锦标赛，颁布了《竞技健美操评分细则》，这是世界上第一本健美操竞赛规则。之后，每年都会举办世界竞技健美操锦标赛，直到2000年，该锦标赛被改为两年举办一次。此后，每逢双数年，都会举办世界竞技健美操锦标赛，每一次比赛都会有来自30余个国家超过百名的运动员参加。

（2）健美操世界杯赛

国际健美操联合会负责举办健美操世界杯赛，到目前，健美操世界杯赛已举办15届，每年参加比赛的运动员都超百人。世界杯赛有着公开的参赛资格，无论这个国家是否为国际健美操联合会的会员国，都能选派队员参加该项比赛。在每个项目上，一个国家最多可以有2人参赛。每个项目夺得金牌、银牌、铜牌的运动员，都可以得到400万日元的奖励。健美操世界杯赛包括成人比赛和青少年比赛。青少年 1 组（15—17 岁）包含三人操、男单、女单项目；青少年 2 组（12—14 岁）包含三人操、单人项目；成人组包含三人操、混双、女单、男单项目。

（3）世界健美操冠军赛

国际竞技健美操冠军联盟组织负责举办世界健美操冠军赛，该项比赛一年一次，迄今为止已有 16 届，且每一届举办都非常成功。世界健美操冠军赛是从世界青少年竞技健美操锦标赛、世界竞技健美操锦标赛、阿根廷公开赛、加拿大—美国优胜者杯等比赛中选出胜利者，让他们同台竞技，最终决定谁才是这一年世界上拥有最高水平的竞技健美操运动员。

（4）世界运动会健美操比赛

世界运动会每逢四年举办一次，它是非奥运项目的综合性运动会。能够参加世界运动会的，都是在世界锦标赛各项目中获得前 8 名名次的选手。1997 年，世界运动会在芬兰举办，也就是这一届世界运动会，此次运动会将竞技健美操确立为正式比赛项目。

2004 年，中国的六人操在第八届世界健美操锦标赛上，成功闯过欧洲堡垒，摘得铜牌，获得世界运动会的参赛资格。2005 年 7 月，德国的杜伊斯堡举办了第七届世界运动会，在竞技健美操项目中，中国竞技健美操队六人项目凭借独创的编排、高超的技艺，成功将罗马尼亚队击败（罗马尼亚队是上届冠军），最终摘得桂冠。这枚金牌也是历届大赛中，中国获得的第一枚竞技健美操金牌，是中国健美操金牌"零"的突破。

（二）我国健美操管理体系及健美操赛事

自 1992 年起，中国健美操协会和中国大学生健美操艺术体操协会先后成立，旨在推动我国健美操运动逐步有计划、有组织地开展。

1. 中国健美操协会

1992 年，中国健美操协会成立。最开始，它从属于国家体育委员会社会体育中心，在北京设办事机构。中国健美操协会的成立，标志着我国健美操运动已经迈向新的发展阶段。

伴随我国体育制度改革不断纵深推进，中国健美操协会在 1997 年初并入国家体育总局体操运动管理中心，从属于中国体操协会。此番改革将我国健美操组织与世界健美操组织的关系理顺，也使我国内部管理体制更加清晰。

中国健美操协会属于全国性体育协会，得到中国奥委会的承认，被包含于中国健美操运动的管理体系之中。随后，各省体育局、市体育局也纷纷对健美操项目的管理体系进行明确。1998 年，国家体育总局对《健美操活动管理办法》进行颁布，进一步规范我国健美操项目的管理工作。长期以来，在健美操运动的普及与发展方面，中国健美操协会付出良多，做了大量工作，制订出《全国健美操大众锻炼标准实施办法》以及《全国健美操指导员专业技术等级实施办法（试行）》。同时，在全国范围内对竞赛规则进行统一，每年举办全国健美操锦标赛，还开办健美操裁判员、教练员培训班，多次派队参加国际竞技健美操比赛。上述举措都极大地推动了我国健美操运动的普及，对我国健美操运动的迅速发展也大有裨益。

2. 中国大学生健美操艺术体操协会

1992 年，中国大学生健美操艺术体操协会成立，其是教育部学生体育联合会下的从属协会。中国大学生健美操艺术协会着力于在全国推广开展中国学校健康舞、健身健美、体育舞蹈、动感啦啦队、艺术体操、健美操等项目，也着力于开展国际交流工作、赛事活动的举办、技术指导、资格认证、师资培训等工作。全国各著名大学校长及主要领导和教育部领导担任中国大学生健美操艺术体操协会会长。目前，在全国各省、市、自治区，中国大学生健美操艺术体操协会有着将近 500 所会员学校，致力于在全国中小学以及大学普及健美操，并着力推动其发展，渐渐形成庞大的健身群体。

中国大学生健美操艺术协会每年都会定期举办各种项目的全国性比赛，如街舞、体育舞蹈、啦啦队、艺术体操、健美操等。

第二节　健美操运动的价值

一、健美操运动的科学原理

（一）人体肌肉活动的原理

想要提高健美操锻炼的科学性，首先，就要了解健美操运动为什么会增长肌肉，以及肌肉活动的原理。

1. 人体肌肉系统认知

首先了解人体的肌肉系统以及其位置与功能。

（1）斜方肌

位于项背部皮下，一侧成三角形，两侧相合成斜方形。功能：近固定时，上部纤维收缩，使肩胛骨上提、上回旋、后缩（靠近脊柱）；中部纤维收缩，使肩胛骨后缩；下部纤维收缩，使肩胛骨下降、上回旋。固定时，一侧上部收缩，使头向同侧屈和向对侧回旋；两侧收缩，则使头和脊柱伸直。

（2）背阔肌

位于腰背下部皮下，为人体最大的阔肌。上部被斜方肌所遮盖。功能：近固定时，使上臂伸、内收和旋内。远固定时，可将躯干向上臂拉引，还可提肋，辅助吸气。

（3）胸大肌

位于胸前浅层，为扇形扁肌。功能：近固定时，可使上臂屈、内收、旋内。远固定时，拉引躯干向上臂靠拢，还可提肋，是辅助吸气肌。

（4）前锯肌

位于胸廓侧面。功能：近固定时，使肩胛骨前伸、上回旋。此肌与斜方肌上部共同作用，使上臂上举到垂直部位。远固定时，可提肋，是辅助吸气肌。

（5）三角肌

位于肩关节前外后方，是一块三角形的肌肉。功能：近固定时，前部纤维收缩，使上臂屈和旋内；中部纤维收缩，使上臂外展；后部纤维收缩，可使上臂外旋。三部纤维同时收缩，可使上臂外展。此外，该肌对加固和稳定肩关节有重要的作用。

（6）肱二头肌

位于上臂前面，上部被三角肌、大胸肌遮盖，属梭形肌，有长、短二头。功能：近固定时，屈上臂和使前臂屈和外旋，当前臂外旋时，屈的作用最大。远固定时，使上臂向前臂靠拢。

（7）肢三头肌

位于肱骨后面。有三个头：长头、外侧头、内侧头。功能：近固定时，伸上臂和伸前臂，该肌是伸前臂的主要肌肉。

（8）前臂肌

前臂肌多为具有长腱的长肌，分前、后两群，每群又分为深浅两层：第一，前群：位于前臂的前面及内侧。功能：主要是屈腕、屈指和使前臂内旋第二，后群：位于前臂的后面及外侧。功能：主要为伸腕、伸指和使前臂外旋。

（9）臀大肌

位于骨盆的后外侧面。功能：近固定时，伸大腿且外旋。该肌上半部可使大腿外展，下半部则使大腿内收。远固定时，一侧收缩，使骨盆转向侧面，两侧收缩，使骨盆后倾。

（10）股四头肌

位于大腿前面，由四个头即股直肌、股中肌、股外侧肌、股内侧肌组成。功能：近固定时，可伸小腿，是伸小腿唯一的一块肌肉，股直肌还可屈大腿。远固定时，可使大腿在膝关节处向前伸，保持肌骨垂直位。所以，该肌也是维持人体直立的一块主要肌肉。

（11）股二头肌

位于大腿后面外侧。有长短两头。功能：近固定时，可使小腿屈和外旋。小腿伸直时，长头可使大腿后伸。远固定时，可使大腿在膝关节处屈（牵拉股骨向后），在小腿伸直时，则使骨盆后倾。

（12）小腿三头肌

位于小腿后面浅层，有腓肠肌和比目鱼肌组成。腓肠肌在浅面，比目鱼肌在深面。功能：远固定时，使股骨下端和胫骨、腓骨上端拉后方。该肌也是维持人体直立的一块主要肌肉。在走、跑、跳时，小腿三头肌对屈足起到十分重要的作用。

2.肌肉活动的基本原理

（1）年龄增长影响肌肉增长

人体肌肉的增长并非是一成不变，而是伴随年龄变化而发生变化，我们可以将其划分为三个阶段，第一阶段为快速增长，第二阶段为相对稳定，第三阶段为明显下降。对于男子而言，自出生之日开始，其肌肉随着机体的生长发育而逐年增长，直到25岁达到巅峰，之后开始逐年降低。对于女子而言，其到达巅峰值的时间为22岁。相较于成人时期，人在少年时肌肉含水量会更高一些，但在贮备肌肉蛋白能源物质等方面则较低。少年时人的耐力较差、肌力较弱、肌纤维较细，因此也很容易陷入疲劳。年龄越小的人，与成年人就有着越大的差异。所以，如果年龄较小，那么就应当避免高强度、大运动负荷、长时间的肌肉训练。当人进入青年期后，就拥有相对稳定的肌肉增长，此时适宜进行高强度、大运动负荷的肌肉训练，并且往往能收获最好效果。尽管步入肌肉明显下降期后，人通过肌肉训练获得的效果与青年期存在差距，但是只要拥有健康、正常的身体，并始终坚持适当的肌肉训练，我们依旧可以获得较好成效。通过上述阐述，我们可以看出，开展健美操训练，最重要的是从自身情况和肌肉不同发展阶段出发，控制运动负荷和肌肉负荷的强度，既不能训练不足，也不能训练过度，只有如此，才方能保证肌肉的不断增长，取得理想训练效果。

（2）肌肉增长的解剖学基础

肌肉力量的大小取决于肌肉的粗细。肌肉的生理横断面是对肌肉发达程度进行衡量的指标。也就是说，如果肌肉有着更大的生理横断面，有着粗壮的、较多的肌纤维，那么肌肉就会更加发达。肌肉的主要构成元素为"蛋白质"，而后天因素极大地影响着肌肉的生理横断面面积。通过健美操训练，我们能够增大肌肉生理横断面面积，增粗肌纤维，因为训练能够对肌肉产生刺激，让蛋白质有着更加旺盛的合成代谢，对于肌肉而言，这些都是生长的物质保证。

（3）肌肉增长的解剖学基础

如果我们要实现肌肉的不断增长，就必须依靠长时间的艰苦训练。在训练过程中，我们身体中的各组织细胞对大量能量物质进行消耗，而唯有在训练后，通过补充营养物质以及休息，才能对这些能量物质逐步进行恢复。在一定时间内，恢复的能量物质会比原来要多，这也就是人们所说的"超量恢复"。研究表明，将下一次训练设于超量恢复阶段，能够取得最好效果。肌肉活动的剧烈程度与能力恢复的快慢、消耗的多少有着十分紧密的关系。在一定范围内，肌肉有着越大的活动量，越剧烈的消耗过程，就会有越明显的超量恢复。这里所说的"在一定范围内"，指的是我们不能盲目地增加运动负荷，要保证运动负荷的适量适度，不然就会过多地消耗能量，导致其很难得到恢复，长此以往，不仅会导致过度训练，而且严重的还可能损伤我们的身体。唯有对超量恢复的规律加以掌握，并妥善运用，坚持循序渐进的原则，方能保证肌肉的稳步增长。

（4）肌肉增长的生物化学基础

相较于普通人，经常进行健美操锻炼的人，肌肉中会有更多的血管，更多的能量物质——磷酸肌酸与三磷酸腺苷，因此，也有着更强的无氧酵解能力与耐酸能力。当人有着越高的训练水平，就越能贮备更多的能力，也会有着更强的运动耐受能力，肌肉中也会有更多的新生毛细血管。而毛细血管增多，就会增加肌肉中的血流量，加快新陈代谢速度，继而使得肌肉体积增加。通过上述阐述，我们能够清晰得知，唯有长时间坚持健美操训练，方能使肌肉的物质代谢增强，实现肌肉能量贮备的提升，增多、增粗肌纤维，增大肌肉块。

（二）健美操的动作要求及原则

健美操练习的目的是锻炼身体，保持健康，它的核心是基本动作。

1. 健美操的动作的要求

（1）动作力度的要求

人在体育运动中出现的肌肉运动造成收缩的强度，称之为力度。衡量这种力度强度的标准并非抛出一个物体的力量或推起一个重物，而是"爆发出力的旋律"，也就是说在节奏型屈伸中出现的一种力量。一般在健美操训练中，以上现象较为常见，通常见到一些人在做动作时，使尽全力，气喘吁吁，但是并没有得到应有的效果。

基于健美操表现风格及人体的需要，基本上通过抖动用力、急停用力及弹性用力等方式表现动作力度。其中抖动用力，这种力度是人体在某一部位中，通过做出幅度较小的多次连续性动作，以示人的灵活性及震颤感，对力度进行正确把握，使动作的表现力、韵律感及节奏感得到增强；急停用力，这种动作发生在进行伸或屈后，出现一个短暂的停顿，该动作不仅使动作得到大度舒展，而且还表现出一种力量；弹性用力，这种动作出现在人体做屈或伸之后，将人体的刚柔之美表现得淋漓尽致。

（2）动作幅度的要求

所谓"幅度"，指的是在健美操运动中，人的动作能够达到的最大活动范围。"幅度"具体表现在动作的位置、路线以及方向上。动作幅度是大是小，直接影响着动作的强度、节奏乃至美感。具体而言，动作幅度次数正相关于动作强度。当我们保持动作幅度不变，单位时间内完成越多次数，那么强度就会越强，反之亦然。

运动的强度，由运动幅度的大小决定，强度过大动作的节奏会遭到破坏，从而出现不鲜明的动作连接；强度不够，对动作的美感会造成影响，从而不能充分展示动作的舒展度及力度。

（3）动作的规范性要求

动作的规范，即动作的标准，健美操的动作规范性是根据人体解剖学、人体美学等原则而定。某一个部位通过什么动作加以锻炼，对动作有什么要求，能达到什么样效果，都有严格的科学要求。规范的动作不仅对人良好的形体状态给予基本保证，而且还能确保动作的质量。规范的健美操动作基本上分为跳动、摆动、扭动及振动等用力方式；动作的姿态，也就是膝盖、脚尖、手指、手臂等，必须符合美感要求及动作要求；动作的位置，即某一动作完成后所在的位置；动作的路线，即从预备姿势到结束姿势所经过的路线等。在大众健身活动中，不少人认为只要以"动"为主要活动内容，不管进行什么样的运动，都可以起到健身的作用，但其结果往往是缺乏针对性而感到乏味和效果不佳。

健美操具有针对性的动作，为广大群众所青睐。健美操的内容不同，其目的也不相同。健美操不同的动作，有利于不同体位得到锻炼：要获得健身美体的效果，需要遵循一定的动作规范，认真加强锻炼，否则，无法到达健身的目的，严重的容易对人体的正常状态造成破坏。

（4）动作协调性要求

恰到好处的运动，可以使身体各部位进行相互配合及作用，称之为动作的协调性。动作的协调性，能够反映人体肌肉良好的控制能力，健美操严格要求动作的协调性，而且对人体美加以塑造，也可作为一项兼具美感的文化活动。动作旋律来自动作协调，从而使得美感增强，否则，呆滞的动作、失当的配合，就会使得美感和韵律荡然无存，无法塑造人体之美。

（5）动作美感的要求

在体育运动中，动作的高度准确和协调会给人以美感，这种运动之美正是体育创造美感世界的最高境界。在健美操运动中，其准确和协调表现为动作完成得轻松、自如、连贯、流畅、舒展、大方、刚劲、优美和明快。

经过长期锻炼以及准确完成动作形成健美操的美感，其中准确是体现健美操美感的基础。在一定程度上，健美操动作在协调性、规范性、幅度、力度等方面满足准确要求这些元素需要保持适度、到位，其中幅度及力度能够使动作更加规范、明快及刚劲，从而使其更加稳健，使得动作具有轻松自如的协调性；以上各个元素缺一不可，只有面面俱到，才能保持动作的美感。这也对健美操提出了更高质量的要求，要在动作的准确性方面下功夫，确保健美操的运动处于高质量发展。另外，健美操作为一种文化活动，需要从人的精神层面进行提高，比如，对健美操意识及修养的培养，长此以往，赋予锻炼一种精神内涵，多加控制自我的姿态，使得各部位动作在节奏、幅度及力度等方面保持更好的自由感、韵律感及协调感，使得身心在健美操的运动中更具灵活性，自由从容。

（6）动作表现性要求

所谓动作的表现性，就是练习者凭借外在动作，对自身内在灵感、情绪、气质、精神进行表现，并令动作具有显著的个性特征。当下的现代健美操，时代气息十分浓郁，对广大爱好者的认同心理和求美形态进行反映。所以，健美操锻炼者应该具有团结友善、朝气蓬勃、欢乐、自由及乐观的精神风貌，人的内在精神及生命力，需要从每个动作及神态中展现。

不同的动作和姿态，反映出不同的情绪及气质，通过动作及神态，表现出情绪及精神的好坏。内心的充实美通过欣喜的神态得以表现，成熟美通过深沉的仪表得以呈现，自信美通过挺胸抬头得以表现，灵巧美通过协调的动作得以表现，典雅美通过优美的动作得以呈现，刚毅美通过有力的动作得以呈现。这些都是基于个性表现特征，从审美角度分析的结果。因此，对健美操姿态及动作需要进行不断地追求及完善，对内在美加以培养并充实，这种内在美的完善及提高，又恰恰促进健美操的动作使姿态更具美感，两种彼此促进，相互支撑，更好地突出健美操的动作。所以，人们在进行健美操锻炼时需做到：心态乐观，保持完美的动作；兼顾动作及内在素质的双向提高；保持富有表现力及神韵的动作，有效调节内在精神及情绪，对乐曲精髓有深刻领悟。

总而言之，健美操动作的各因素之间是一种唇齿相依的关系，只有将各环节的动作加以更好地掌握，满足动作的各种要求，才能使动作在和谐统一中，得到高质量的发展。

2. 健美操的动作原则

健美操有一定的动作原则，该原则的出发点来自形式因、动力因、目的因及质料因。所以，将自然方向用力作为其法则，通过适合健美操运动的特征形式、习得美丽、力量及健康的标准动作。

（1）动作原则和方法分析

目的因、动力因、形式因及质料因，构成健身健美操的动作原则。质料因是健身健美操的基本动作，形式因则是健身健美操的运动形式，两者共同构成静态的健身健美操，也是区别于其他项目的地方。动力因作为健身健美操运动的技术手段，一个动态的过程及实现健康的过程，而目的因是保持健康及锻炼身体。

健美操的动作原则并非四因的任意一个，而是基于质料因进行探索，研究基本动作是达到的目的，运动形式是形式因；最终达到的结果是目的因，而研究所有运动技术手段是动力因。对新动作原则进行探究时，首要任务就是对健美与健身之间的关系予以明确,其次任务是利用相关方法论,考察健身健美操所具有的特征,把握其本质,继而对动作原则加以界定。

(2)健身健美操的目的因分析

保持健康、锻炼身体是健身健美操的目的所在,其深层意义是人对美丽、力量及健康的追求。健美是一项需要长期坚持的工程,健身意味着每个时期都要有相应的要求及目的,这是因时因地而变的运动项目。我们还要进一步完善健美操的不足。要依照健美操技术原理,不断使健美操技术发展成熟,充分发挥健美操所具有的潜力。发展健身健美操,在刺激新的社会需求上也是大有裨益的。

(3)健身健美操的动力因分析

动力因推动健身健美操的发展。从潜能到实现的过程,是健身健美操实现目的的动态过程,借助动力因健身健美操的形式在质料上得以实现,从而实现健身健美操的目的技术要求,在本质上是健身健美操的动力因,它是根据技术要求,将形式在质料上进行实现。其中,不违背自然方向的用力是技术要求,人体机能的自然方向用力是健身健美操的形式要求。

总之,锻炼要安全有效地进行。比如,在开合跳时,错误的动作是足跟不着地,而正确的动作是双脚经前脚掌迅速过渡到全脚掌,跳开落地时在足跟着地前稍屈膝缓冲。比如,脚尖的方向同屈膝时,膝关节的方向还要保持一致,安全得到保证,膝关节不超过支撑脚的脚尖,是屈膝时的角度范围,而当膝关节弯曲太大时,就会塌腰或者上体前倾。因此,我们也要归纳那些与生理学和人体运动力学相违背的动作,加以规避。例如,我们一定要避免反常规的关节活动、肌肉突发性强力拉伸、长时间的单关节重复活动等。

(4)健美操的形式因分析

具体的运动形式,即形式因。健美操是有氧运动,表现在动作姿态上,是将躯干放直,保持有力的臂腿,使得外形清晰。这种姿势正确的表现也同样体现在其他的体育项目中,比如,跳高技术在田径中,便是借助背越式来跳得更高,这样可以使人体的潜能得到最大限度的发挥,使身体得到更好的锻炼,有效保障人的健康。健美操的姿势一般都具有动力性、韵律性。将动作生动连接,使每一拍动作都能清晰可见,这就是动力性;而音乐的节奏与动作产生的对应性,从视觉及听觉上，意象相符且让人充满享受，这就是健美操的韵律性。比如，通过对音乐的欣赏，让人如置身草原中，这样运动员通过马匹的动作或强烈的跳跃动作匹配健身健美操的动作，效果自然更好。基于人体运动机能的自然用力动作，呈现出身体姿势，是健美操运动项目在价值方面不同于其他项目的地方。

3. 健美操动作衔接的科学性原则

音乐伴奏作为背景，健美操是一项在音乐的伴奏下，完成集音乐、舞蹈及体操等因素的身体练习，基于一定的原则及规律，完成每个动作的衔接，并通过力度、节奏及形体对动作的美感进行衔接，从而满足符合人体机能的要求，有效消除动作形式认识上的误区，以此使健身健美操的表现力及优美性得以增强，有效提高健身健美操的健身功能。

（1）健美操动作衔接中的形体分析

运动过程中，身体或身体各部位在运动中所处的状态，在动作空间概念上称之为形态，也就是姿态。其中，人体各部位的实体形态为其重要因素，比如，掌和拳等为手的形态，绷脚尖、直膝、屈膝等是下肢的形态。矫美的艺术美、高立的形态美与雄健等为形体造型，比如，健美操中经常出现的造型姿态之一的上肢两臂上举，五指分开动作，但进行练习时，两臂做到充分伸直、拉开肩角，同时配合头略抬，胸稍挺。这样造型挺拔、高立的美感特征得以体现。开阔、矫健的美感，通过弓步的造型，两腿前后开立的距离大，后腿撑直，脚跟不离地等一系列动作得以呈现。

在动作衔接过程中，从一种姿势到另一种姿势，通过四肢、头颈、躯干向某方向运动，形成直线或是曲线的动作路线。一个造型通过每一个瞬间的动作呈现，连接多个美的造型，从而给观者留下"感觉记忆"到"一度记忆"。动作的表现力受到呼吸的影响，而姿势的造型也受其一定程度的影响，胸部的起伏也受到憋气或喘息的呼吸形式、平稳或急促、吸气或呼气等不同程度的影响。

基于各节运动的特点，调整身体各部位中的位置，节奏及呼吸方式，从而达到动作衔接及提高动作表现力的目的。例如，上体抬起、侧上举、两臂上举等，通常要吸气，基于此，上提胸部就更能将"挺拔感"显示而出；而当身体某部位或身体整体向下运动，或者动作从一种姿势转换到另一种姿势时，通常需要呼气加以调节，如幅度较大、节奏较慢的头部运动、伸展运动等，就要采用自然、平衡的呼吸节奏；当身体某部位或身体整体向上运动，跑或跳时，在半分钟跑跳之后，健美操的运动量将达到巅峰，普通人能够达到 170 次/分钟的心跳。这时，我们通常要用鼻子吸气，用嘴巴呼气，并与面部表情变化相配合，微微张口，尽最大努力保证松快呼吸，让人显得更加青春焕发、精神饱满。

进行"整理运动"的时候，因为这部分有着轻松而缓慢的动作，我们通常采用"慢而深"的呼吸方式，从而渐渐平复心跳，此时要将动作与呼吸配合，最大限度保证精神美感与完成动作的连续和谐统一。

（2）健美操动作衔接中的节奏分析

在安排健美操运动负荷的时候，我们要明了人体运动合理的生理曲线要求，并对该要求进行满足。因此，一套完整的健美操应当先是从慢逐渐变快的跑跳部分，随后令速度达到最快，继而从"快"渐渐向远、向上伸展，营造积极向上的氛围，随后再渐渐地放慢速度。

具体到一套健美操中某一节的运动中，也有着快与慢的速度区别。一般来说，直臂形式的动作有着较慢速度，而屈臂形式的动作有着较快的速度。

除此之外，健美操中拍与拍之间速度的变化，也要与音乐的节奏变化相符合。韵律是节奏的深化，节奏是韵律的变化。动作从节奏深化为韵律，从视觉上呈现出愉悦的美感效果，如此，动态的韵律美便呼之欲出了。

（3）健美操动作衔接中的力度分析

健美操运动者动作变化的速度及肌肉用力地熟练程度的外在表现形式，称之为力度。力度感强、积极快速及刚劲有力，是健美操的动作特征。制动及加速是相应的表现形式。从一个姿势到另一个姿势的动作，没有平均分配速度，如果达到姿势的相对造型，则要对肌肉进行制动及加速，从而使动作的力度得以呈现。保持健身健美操动作的健身性，基于动作衔接方面，可对其力度、节奏、形体等动作形式进行剖析，通过指导练习者，使教学更具生动性，以此帮助练习者更好地领悟，更加具体地认识健身健美操动作美感及流程，从而避免陷入盲目的误区。

二、健美操的功能

（一）身体锻炼价值

健美操既是基本体操健身化、动力化、艺术化的反映，也是时代的产物。身为一种运动项目，健美操有着很强的实用锻炼价值。长期坚持健美操锻炼，锻炼者既可以实现体质增强、体形体态改善、畸形矫正，又能对情绪心理进行调节，陶冶美好情操，实现神经系统机能的提高与顽强意志品质的培养。

1. 健身功能

（1）增强肌肉、骨骼系统的功能

经常进行健美操锻炼，有助于我们关节灵活性的提升，也有助于我们身体结缔组织与肌肉弹性的增强。我们身体肌肉总数达500多块，除了骨骼外附着着肌肉外，尿道、膀胱、子宫、肠胃、血管、心脏都有肌肉。各种腺体、血管、神经感觉器官遍布于肌肉之中。肌纤维组成肌肉，因而肌肉有着收缩的功能。如果我们经常从事健美操锻炼，能够让肌纤维变粗，变得更加有力、坚韧，增加其中贮存的糖原、蛋白质等；能够让血管变得丰富，改善新陈代谢、血液循环；能够增强动作的准确性、灵活性、速度与耐力。肌肉在骨骼外附着，所以经常从事健美操锻炼，就能够实现骨骼的血液循环与代谢的改善，增厚骨外层的密质，让骨质变得更牢固，继而实现扭转、压拉、弯曲、折断的抵抗力的提升。关节是骨与骨相连之处，关节周围包围着肌肉与韧带。经常从事健美操锻炼，能够实现关节韧性的强化以及灵活性、弹性的提升。

（2）增强内脏器官的功能

经常进行健美操锻炼，对身体众多器官系统都是大有裨益的。当我们长期坚持锻炼后，就能增强血管弹性、增大心腔容量、增厚心肌，从而实现心脏功能的提升，最终增加心排血量，让心脏搏动更加有力，实现自身循环的改善，使全身供氧能力得到提升。

经常进行健美操锻炼，我们的呼吸就能更加有力。当我们呼吸时，就能充分扩展胸廓，张开更多肺泡，吸入的氧气自然也就更多；当我们呼气时，就能最大限度地压缩胸廓，让更多二氧化碳排出。经常进行健美操锻炼，我们每次呼吸时的气体交换量就能得到提升，既能对呼吸肌的休息十分有利，又能实现呼吸系统功能储备的提升，继而满足激烈运动时交换气体的所需，从而有利于人体机能水平的提升，有利于人始终保持旺盛精力。

经常进行健美操锻炼，对消化系统机能的提升也很有帮助。这是因为，肌肉活动会对大量能量进行消耗，加上髋部和胸腹部有着较多的全方位活动，会对肠胃蠕动产生刺激，能够实现消化机能的增强，在吸收、利用营养物质方面很有帮助。此外，经常进行健美操锻炼能够有效实现肾脏血液供应的改善，让肾脏具有更强的代谢废物能力，最终实现人体对疾病的抵抗与预防能力。

（3）调节心理状态的功能

人无论进行任何活动，都无法脱离心理活动与意识活动。健美操锻炼既能帮助人形成健美体魄，又能有力地影响人的心理状态。健美操锻炼通过愉快活泼的形体动作、明快优美的音乐节奏，让锻炼者陶醉于美的韵律中，渐渐地，烦恼与紧张都被一扫而空，无论身体还是心灵都得到了全面调节，同时也改善、提升了气质与精神面貌。健美操属于群体运动，常常开展于集体场所，通过健美操，练习者能对集体与个人的关系产生更多体验，进一步扩大自己人际交往范围，和同伴彼此鼓励、交流情感，此时健美操锻炼发挥的就是对人与人之间关系的协调作用。练习者在健美操锻炼过程中，通过集体配合练习，能够提升自身群体意识，结交朋友、增进友谊，此时个人的悲伤和苦闷也会得到缓解，被渐渐遗忘，健美操锻炼也就起到了对人们思想情感的调节作用。

（4）强化神经系统的功能

只有在中枢神经系统的支配调节下，我们才能开展健美操锻炼。那么，反过来看，我们进行健美操锻炼，实际上也能实现中枢神经系统机能水平的提升。健美操锻炼能够实现神经过程的强度、灵活性、均衡能力、集中能力的提升，开阔人的视野，让人拥有更敏锐的感觉、更旺盛的生命力，同时也能增强人的分析综合能力。除此之外，健美操也能够实现人全面身体素质的提升。经常进行健美运动，能够增强人的肌肉力量，提高肌肉、韧带、肌腱的弹性，发展人体的柔韧素质和力量。由于在健美操练习过程中，我们常常会让自己的肌肉"工作"达到极限，因此，也会出现疲劳感、酸痛感，这样也在无形中让自身的耐力素质得到提升。

通常来说，我们会在强劲、不间断的音乐伴奏下进行健美操运动，无论是动作的力度、速度，还是动作的类型、方向、路线，都不是固定的、唯一的，而是不断变化的，从这点来看，从事健美操锻炼也能提升人的动作记忆力、再现力，使人在潜移默化之间、在全身心投入之中，实现神经系统均衡性、灵活性的提升以及各项身体素质的全面发展。

（5）促进塑形健美的功能

所谓形体美，指的是人体外形的美——健美、和谐、匀称。形体美主要指的是全身各部位是否有和谐匀称的比例，而体态美主要指的是身体主要部位乃至整个身体是否有优美端庄的姿态。

一般来说，形体美取决于人体各部分的比例、围度、长度以及人的体重与身高，同时也受其他因素影响，如化妆、着装、风度、动作、姿态、肤色等。所以，身体的比例和整体指数要适度。假如一个人过分消瘦或者过度肥胖，不仅不会拥有很好的形象，而且也会造成诸多疾病。

健美操锻炼所具有的独特价值，就是能够积极地影响身体比例，尤其能加大腰腹部沉积的多余脂肪的代谢，同时实现胸背肌肉体积增加，让锻炼者拥有丰满的体态、优美的身体线条，变得秀丽动人。除此之外，凭借正确的经常性形体动作训练，能够对不正确的身体姿势进行矫正，对正确端庄的体态进行培养，让锻炼者无论从举止风度还是形体都产生良好的变化。

儿童、少年长期进行健美操锻炼，对正确身体姿态的形成也很有帮助，有助于生长发育。青年人长期坚持健美操锻炼，有助于保持青春活力，拥有矫健的体态、优美的动作。中年人长期坚持健美操锻炼，能够保持良好体态，延缓身体衰老。老年人长期坚持健美操锻炼，能够拥有富有弹性的肌肉、结实的骨骼，从而保持良好形体，矫正不良畸形的身体。

总而言之，长期坚持健美操锻炼，能够让锻炼者的身体健美、匀称，能够让锻炼者拥有端庄的体态、优美的动作，从而对健美的形体进行塑造，实现其理想中的形体模样。

2. 对健康的影响

（1）对人体生理指标的积极影响

所有体育项目都会影响人的生理状态，这是毫无疑问的。健美操运动自然也是如此。所谓生理影响，具体便体现在运动负荷上。在适宜的运动负荷的刺激下，能够有效实现人体体质的增强。那么，应当如何明确锻炼强度，使其保持在"适宜"状态，让自己获得最好的锻炼效果呢？想要达到上述目的，我们就要先对运动中人体生理指标产生的变化予以详细了解。

所谓运动负荷，指的是人体在进行各项体育运动时所承受的生理负荷。运动强度和运动量决定着运动负荷的大小。运动量指的是动作持续时间长短以及完成动作的数量。运动强度指的是完成动作所需的肌肉力量，以及由此导致的肌体紧张程度，运动的力度、速度都属于运动强度。透过心率这一重要指标，我们能够看到生理负荷的强弱，同时，在我们对运动负荷进行确定时，心率也属于主要指标依据。

那么，在健美操运动中，心率有着怎样的变化呢？首先，我们要对什么是"最高极限心率"有所了解。如果一个人缺乏体育训练基础，那么其最高极限心率应当这样计算：最高极限心率=220－实际年龄。按照这个公式，一位50岁的，没有体育训练基础的人，最高极限心率为：220－50=170次/分钟。而如果一个人具备一定的训练基础，则需要采用另一种方法计算最高极限心率：最高极限心率=205－实际年龄的一半。例如，一位50岁的，有一定体育训练基础的人，最高极限心率为：205－（50/2）=180次/分钟。

从中我们可以看出，当年龄一样时，相较于没有训练基础的人，有一定体育训练基础的人会拥有更高的"最高极限心率"。

在了解最高极限心率以后，我们就能界定所从事运动项目的运动负荷。在此，我们以大众健美操为例：大众健美操的运动心理范围应当在最大极限心率的60%—80%之间。从中我们可以看出，如果健身心率有着很高的百分比，就代表健美操有着很大的运动量、很高的运动强度，也就是有着很大的运动负荷。基于此，就会更多地影响人体产生的生理负荷，造成更大的生理影响。当我们在进行大众健美操的运动时，如果能够始终保持心率在上述范围内，就等于在做有氧运动；如果超出这个范围，就等于在做无氧运动，因为我们的锻炼是为了健身，那么最好还是做有氧运动；如果低于这个范围，那么身体就未能达到一定运动负荷，自然也无法真正收获锻炼成效。

（2）对生理健康的积极影响

健美操能够对消化系统、呼吸系统的功能进行调整与改善。在练习健美操各种运动时，人的机体对氧气的需求会大大增加，长期下来，便能增大人体肺部容积，提高肺泡张开率，成倍增加人的吸氧量，人也会因此拥有更加强劲的呼吸肌，显著强化自身呼吸系统的功能。在健美操运动中，有着较多的腰腹肌和骨盆肌活动，对肠胃蠕动的强化也是大有裨益的。除此之外，因为在运动中，人会增加自身深呼吸的次数，随即增加腹肌和胸肌的上下活动，从客观上来看，这对人体肠胃等消化器官有着良好的"按摩"功效。尽管这些活动看似不经意，然而，却能够有效改善消化功能，帮助人体吸收营养。受到健美操锻炼影响，人体始终有着旺盛的新陈代谢，这也会在一定程度上改善肝脏功能。

健美操既能够帮助我们塑造完美的肌体，有助于身体各部位的敏锐性、灵活性、协调性的改善，强化运动系统中的韧带组织、肌肉组织和关节，还能够大幅增强韧带的活动能力和肌肉的弹性、力度，进一步提高人的生理功能。青少年坚持正确的健美操练习，对骨骼的生长和发育也是十分有利的，有助于增加骨骼密度、坚固骨质，能够帮助青少年长得更壮、长得更高。

当然，健美操除了能够对肢体活动带来有利影响外，也能在一定程度上改善体内循环系统及相应器官功能。经常进行健美操运动，能够增粗心肌纤维，强化心肌收缩力量，实现心脏供血能力和输出血量的提升。如此，能够让血液供给更多的能力和脑细胞养分，继而全面实现大脑思维能力的提升。除此之外，坚持健美操锻炼也有助于身体有氧代谢功能的提升，快速燃烧体内的"闲置"脂肪减轻内脏器官中多余的负荷。

3. 使人延缓衰老

健美操既能够起到美体健身的作用，又能让人精力旺盛，提高人体免疫力。经常进行健美操锻炼，能够帮助人的身体功能始终保持正常、平稳状态，在延缓衰老方面也是有所助益的。

（1）健美操可以改善人体内分泌

经常进行健美操锻炼，我们机体的免疫能力就能得到相应提升，从而增强抗病能力，最终实现衰老进程的推迟。激素调节作用降低、神经营养下降是衰老的另一种表现，而针对这种不良状况，健美操也能发挥较好的改善作用。例如，在人身体内，胰岛素是唯一能够降低血糖的激素，而只要经常进行健美操锻炼，就能行之有效地增强胰岛素分泌，那么胰岛素对血糖的调节作用自然也会得到提升，最终实现血糖浓度的降低，减少糖尿病的发生。

（2）健美操锻炼可提高人体催化酶的活性

在迈入一定年龄阶段后，人身体内的生物催化酶会逐渐降低活性。所谓酶的活性，指的就是酶所具有的催化作用。无论是合成、分解还是代谢，在人身体内进行的所有过程都离不开酶的催化。经常进行健美操锻炼，有助于提升机体内物质地合成、分解、代谢速度，从而刺激酶活性的提升。

（3）健美操可促进新陈代谢

岁月流逝、年岁渐长，一系列衰老特性也会出现于人体之中，其中之一便是显著下降的新陈代谢速度。有氧健美操能够行之有效地促进机体新陈代谢，实现各项代谢功能的改善，让人身体内物质的合成、分解、代谢都保持相对平衡的状态。进行健美操运动时，人身体内的物质会被有氧化，分解成水与二氧化碳，能量也随之产生，以对机体的需要进行满足。这是，机体将会显著提升自己的新陈代谢水平。

（4）健美操可减缓人体器官的衰老

人体衰老的又一特点就是组织器官萎缩、功能减退。通过进行有氧健美操锻炼，能够有效提高血液含氧量，促进血液循环。同时，人的面部分布着很多动脉、静脉血管，经常进行健美操锻炼，能够有效延缓皮肤衰老、退化，保持肤色红润。同时，经常进行健美操运动，也有助于钙质补充，这是因为，长期坚持健美操锻炼，我们骨骼密度将会越来越高，能够有效避免钙质流失，避免出现骨折和骨质疏松问题。

通过上述阐述，不难发现，人们想要延缓衰老，进行健美操锻炼确实是不错的方式。

(二)心理保健价值

从心理学角度来看，健美操也具有一定价值。现如今，时代飞速发展、社会不断进步，尽管科学技术带来种种便利，人们也享受着十分舒适的生活，然而，精神压力也与日俱增、无处不在，来自各方各面。如前所述，健美操是一项体育运动，在精神压力舒缓方面，也可谓是一剂良方。通过参与优美而轻松的健美操锻炼，人们将不再困扰于心烦意乱之事，从而能够转移注意力，将压抑、失意、悲伤、难过统统抛诸脑后，尽情地、专心致志地享受健美操运动中的快乐，让内心得到休息与放松，获得一份安宁，不知不觉间，精神压力也就得到释放与缓解，重获好的心态与充沛活力。除此之外，如前所述，健美操也对人们的社会交往有强化与促进作用。

健美操这种体育项目属于全身运动，能够让身体各个部位都得到锻炼，变得协调、自然、舒展。健美操对造型美十分看重，要求动作准确到位、富有力度、奔放活泼、美观大方。健美操的各个动作能够对身体各部位的正确姿态进行有效训练，培养锻炼者高雅的风度、健美的体态，从而塑造健美的体型。除此之外，一般来说成套的健美操练习都伴随音乐进行，而音乐有着明显的节奏，既为健美操带来勃勃生气，也让动作拥有更多美的色彩，如此人们就可以在热烈、欢快的气氛中锻炼，同时还能于无形中陶冶情操。

(三)社会价值

1. 促进全民健身运动的蓬勃开展

随着我国人民生活水平不断提升，人民日常愈发需要娱乐、休闲与健身等休闲活动。特别是我国自 1995 年起，开始对"全民健身计划纲要"全面推行。广大人民群众通过广泛的教育与宣传，进一步深刻地认识到体育运动的重要意义，观念得到更新、思想得以转变，自发自愿地投资健康。基于此，人们开始自觉参与体育锻炼，并以体育消费为时尚。在多种传统体育项目中，健美操凭借自身独特魅力脱颖而出，广受好评。虽然它是一项新兴的体育运动，但已然赢得人民群众的喜爱。现如今，各种健身中心将健美操作为主要内容，在我国大中型城市遍地扎根，而中小学和高校也纷纷在教学大纲中纳入健美操，健美操也得以成为正规教学内容，被传授给学生。除此之外，电视中也播出了很多将健美操作为主要内容的节目，对健美操运动的开展与普及起到很大的促进作用，通过这些电视节目，越来越多的人了解健美操、认识健美操，积极主动地参与健美操锻炼。当前，在全民健身运动中，健美操已然成为非常重要的组成部分。

2. 丰富群众业余文体生活

对于群众业余文体活动而言，健美操的比赛、表演，都能对其起到丰富作用。在人类社会文化生活中，体育是非常重要的构成部分。人们参加体育运动、进行体育锻炼，能够促进交流、娱乐身心、强身健体。在我国，伴随健美操运动的迅速普及与发展，健美操比赛也日益规范化。当前，除了有正式的全国健美操锦标赛外，各省市也举办相关比赛，就连学校、单位内部也常常举办有关健美操的比赛。

近年来，作为表演项目，健美操频频在各种场合"现身"，在对健美操运动进行宣传方面发挥着显著作用。无论是准备比赛还是表演过程，对于参赛者、表演者来说，本身便是娱乐与健身；而无论是观看比赛还是欣赏表演，对于观众而言，也都是一种享受。运动员那强健的体魄、精湛的技艺，足以鼓舞斗志、振奋精神。

第三节 健美操运动的发展趋势

一、健身健美操的发展趋势

（一）健身健美操的市场前景更加美好

现如今，我们迎来了知识经济时代，人们生活水平不断提升，无论是生产方式还是生活方式，变化都是十分显著的。因为应用诸多高新技术，减少了人们生产劳动的时间和体力消耗，人们主要依托自身的智慧，将智力资源不断地转换为巨大的社会财富。然而，受劳动生产方式改变的影响，人的各种器官系统也有所退化；除此之外，过快的生活节奏、紧张的脑力劳动，都会诱发各种心理疾病，现代人越来越多地有着各类心理失调的状况，如自卑、孤独、狂躁、抑郁、焦虑等。基于上述种种原因，肥胖症、神经官能症、脊柱病、糖尿病、冠心病、高血压等"都市病""文明病"也不断蔓延开来。人们也愈发注重健康，越来越追求健康，这也对社会体育的发展起到促进作用。所以，对于人们来说，体育成为他们满足情感依赖、心理调节、肢体活动的重要手段。

在社会体育中，健美操是非常重要的一部分，因其独特的功能价值和魅力，人们也对其颇为青睐。所以，在当前社会大环境下，健身健美操将有着愈发广阔的市场前景。

（二）健身健美操的种类和练习形式将更加多样化

健身锻炼者有着各种各样的不同需求，而为满足这些需求，当前健身健美操也有愈发多样的练习形式和种类。如近年来出现的水中健美操、各种器械健美操以及时下流行的特殊风格的健美操，如街舞、瑜伽健美操、拉丁健美操、拳击健美操等。之所以涌现出众多新兴的练习形式，其原因在于参加锻炼的人有着不同期望，其健康水平、身体状况、性别以及年龄等都有所不同，所以他们有着多种多样的需求。例如，年轻人更加偏好拳击健美操、街舞，老年人更喜欢水中健美操，女生则对瑜伽健美操更感兴趣。想要获得长远发展，健美操就要努力与不断发展变化的市场需求相适应，最大限度地对人们的不同健身需求予以满足，实现个性化、多样化发展。

伴随社会不断发展以及人民生活水平的日益提高，人们也有着越发个性化的需求。对于部分人而言，他们的需求已不再是集体练习的形式所能满足的了。所以，现如今，"私人教练"在国外可谓十分流行，而且占据很大市场份额。我国健身健美操应当对国外经验进行引进、学习，并以此为基础，推出更多既满足中国人需求又对外国人具有吸引力的新的健身健美操练习方式，继而实现切实发展。

（三）健身健美操练习的科学化程度将不断提高

第一，对于健美操而言，科学锻炼是保证其练习效果的关键。举例而言，测定不同人群体质，研究不同年龄段人群锻炼的最佳心率范围，能够"开出"一张行之有效的、科学的"运动处方"。如果我们采用的练习方法不够科学，非但难以达到理想的锻炼效果，甚至还可能导致身体承受运动损伤。所以，健美操练习者如果想要实现锻炼身体的目的，就要不断地提升锻炼的科学性。

第二，对于健美操而言，科学化也是其作为一项运动发展所需的内容。当前，人们不再对单一的锻炼形式感到满足，而是想要获得更有效、更科学的健身方式。在对健身项目进行选择时，人们往往会考虑该健身项目能否使自己科学地实现锻炼身体的目的。所以，健美操项目想要长久发展，就必须使其科学化程度的不断提升，唯有科学的健美操项目才能赢得市场，赢得人们认可。现如今，部分健美操从业人员已经对上述问题有了一定认识，开始不断地对健美操科学化的途径与方法展开研究探索。想必在未来发展中，健美操一定会不断提升自身科学化水平。

第三，信息技术日新月异的发展以及知识经济时代的到来，让人们能够更加便捷、轻松地得到各种信息，这极大地促进了我国健美操运动的科学化发展，使之能够接轨于国际，与之同步发展。

（四）激烈的市场竞争将更加注重健身指导的服务质量

现代人类文明高度发展的产物之一便是"现代健身场所"。从本质来说，现代健身场所经营的实现，必须依托于"服务"。无论是经营者的经济效益还是大众健身的质量，都取决于服务质量的高低。与此同时，服务质量也对健身市场的兴衰起到决定作用。因此，经营者必须将高效、优质、及时的服务提供给健身消费者，让健身者预期的健身目的得以实现，如此，方能占领市场。对于健身俱乐部而言，想要实现进一步发展，最关键、最重要的因素就是健身指导服务质量得以提升（包括服务程序、服务标准、服务礼貌等）。

二、竞技健美操的发展趋势

按照《项群训练理论》中竞技体育的相关分类，竞技健美操被纳入"技能类表现难美项群"。技能类表现难美项群中还包括跳水、花样游泳、花样滑冰、艺术体操、竞技体操等竞技项目。竞技健美操与其一样，在比赛中都通过运动员完成动作的优美、稳定、新颖、难度等因素对其技能水平的高低进行判断。因此，对于竞技健美操而言，"难、新、美"便是其技术发展的方向。在国际体操联合会改革竞赛规则的促进下,竞技健美操运动技术不断向"难、新、美"方向发展。

(一)更加注重艺术性创新

竞技健美操这项运动项目有着极高的艺术性,并且必须不断地创新。无论是动作的编排、转换的流畅性、空间的使用还是过渡的连接,都具体体现出竞技健美操的艺术性创新。为满足艺术性创新的要求,在编排成套动作时,一定要做到多样化,保证新颖,将运动员的表现、动作和音乐的风格体现出来,并让这三者结合得更为完美。对于竞技健美操而言,"艺术性创新"将是其未来发展中的关键一环,决定着运动员取得的运动成绩是高是低、是好是坏。所以,在未来,竞技健美操将对艺术性创新予以更多重视。

(二)动作技术的完成将更加完美

尽管国际体操联合会在新规则中降低了难度动作的技术完成标准和缺类要求,然而却要求动作技术有着更高的完成质量,动作完成质量的扣分部分也相应增加。所以,是否完美完成动作,将具体体现出运动员的竞技水平和技术能力,同时,也决定着运动员是否能够获得优异成绩。基于此,在未来,竞技健美操比赛重点比拼的就是能否完美完成动作,对于运动员来说,在对其竞技水平进行评价时,动作技术完成质量将成为至关重要的因素。

(三)难度动作向多样化方向发展

《国际竞赛规则》重新划分了健美操的难度动作,同时,对各难度价值进行确定。按照新规则,难度工作被分为四大类,其中共有十个组别,而难度动作价值分从 0.1 分至 1 分,其中,也包括预期的难度动作。新规则在减少难度动作数量、降低难度动作最低要求以及对难度动作的分值进行全面提升的同时,既规定了重复的难度动作不会被算入数量中、不会被计入分值,同时也规定,如果减少规定的难度类别,就需要扣除 1 分。这些都代表着在难度动作的选择方面,有着多样化的发展趋势。

（四）挑战自我极限是未来竞技健美操追求的目标

竞技健美操运动以"进入奥运会"为最高境界。在未来，竞技健美操的发展方向必将为"挑战自我极限"的竞技方向。所以，未来健美操竞技水平发展，将以"挑战自我极限"为必然趋势。

第二章 大学生健美操的教学理论

健美操作为一项追求人体健与美的新兴体育项目，已然成为我国大中学校体育教学和课外体育锻炼的重要内容。本章主要论述大学生健美操的教学理论，主要内容包括大学生健美操发展概况、大学生健美操的功能、大学生健美操的教学内容与任务以及大学生健美操的教学方法与手段。

第一节 大学生健美操发展概况

一、大学生健美操开展的意义

（一）健美操运动丰富了校园文化生活

体育几乎是伴随着人类社会文明的进步而产生的，它在人类社会文化发展历程中起着至关重要的作用。现代社会，体育健身已经成为人们业余时间的主要活动，它可以帮助参与者达到强身健体、娱乐身心、促进交流的目的。随着我国健美操运动的快速发展，它在人们生活中的普及度越来越高，并且越来越多的专业健美操比赛也出现在人们的生活中。而在高校，健美操运动再也不仅仅是以教学的形式出现。其独特的表演性，使得它在高校的校园文化活动中站稳了脚步。

无论是在学校比赛中，还是在学习重大文化活动中，我们总能看到健美操表演的身影，散发着快乐与优美的特点。伴随高校健美操运动不断地向纵深发展，广大学生也愈发喜爱高校间的健美操比赛。为了准备表演或比赛，学生必然需要花费一定的精力与时间，不过，这一过程并非单纯的"消耗时间"，它本身就是娱乐与健身的过程，并且表演也能对学生的自我表现欲望进行满足，也能实现娱乐身心的目的。而对于观众来说，观看比赛与表演就是一种娱乐性欣赏行为。在健美操表演过程中，学生通过展示强健的体魄以及精湛的健美操技艺，将健美操的运动特点充分展现，无形中让更多的人对健美操燃起兴趣，想要参与其中，在潜移默化间丰富学生的校园文化生活。

（二）健美操运动对学生形体的塑造作用

一般来说，"形体"包括两个部分，分别为体型与姿态。后天因素会对姿态产生很大影响。这里所说的后天因素，就是我们平时养成的生活习惯。而体型则是我们身体的外形，想要改善体型，我们可以长期坚持体育锻炼，不过，这并无法替代遗传因素对体型产生的决定性作用。健美操运动的技术动作要求与对身体姿态的要求和我们生活中的状态是基本一致的。所以，想要改善自身不良身体状态，学生可以长期进行健美操训练，让自己体态渐渐变得优美，同时，还能在日常生活中自然流露出好的修养与气质，呈现健康向上、朝气蓬勃的状态。特别是健美操运动中的力量练习，有利于学生肌肉围度的增大、骨骼的增粗，还能弥补一些先天的体型缺陷，有助于学生锻炼出匀称健美的体型。除此之外，健美操运动还是一种很好的有氧健身运动。所以，坚持练习健美操，有助于学生多余脂肪的代谢，有助于保持人体消耗与吸收的平衡，从而实现体重的降低，维持体型的健美。

二、大学生健美操的发展现状

健身健美操运动是一项充满活力和热情的新兴体育健身项目，而健身健美操这一独特特点正好与高校的青春活力契合。1992年，我国健美操协会的成立在全国掀起了一股健身健美操热潮，各地都开始举行各种各样的健身健美操活动。而且这一热潮很快席卷了全国各大高校，受到广大高校学生的喜爱。健身健美操运动也开始在高校进行有组织、有计划的发展。

近年来，随着高校课程改革的不断深入，高校健身健美操的发展得到了更加全面的发展。高校所实行的普修和选修相结合的体育教学方式，使学生有更多选择的余地，而健身健美操运动也正式成为学生选择最多的项目。特别是在高校的女生群体中，健身健美操运动几乎成为她们必选的体育学习项目。同时，随着高校健身健美操运动比赛的不断增多，高校的健身健美操运动的训练更趋向专业化。许多学生的健身健美操运动水平也得到了很大的提高，而更多的健身健美操的高水平教师进入高校教学，也促进现代高校健身健美操运动的持续高水平发展。因此，高校健身健美操运动呈现出内容丰富、参与者众多、能力趋向专业化的发展现状。

经过多年的发展，高校健美操课程既取得了一些成就，也出现了一些问题，需要我们加以重视。

（一）高校普遍开设健美操课程，各高校发展不平衡

有相关学者对高校健美操开课情况进行调查与研究发现，在全国有很多高校都已经开设健美操课程，由此说明健美操可以被青年学生接受，健美操是一项比较年轻广泛的运动。除了在学校开设健美操课程以外，还有很多学校设立了专门的健美操训练队伍，经常去国际参加健美操竞技比赛，促进了我国健美操事业的发展。但是，我们还要注意的是，健美操课程的发展还是不平衡的，具体来看，一些学校的教师资源与物质条件较好，为培养学生提供良好与坚实的保障，健美操发展也将会十分的迅速；但有的学校因受到地域限制与经济的影响，没有很好的活动场地，没有良好的师资力量导致没有很好地开展健美操课程，甚至就没有开展健美操的相关课程。

（二）高校健美操课程普遍受学生欢迎，学生需求不均衡

在高校，学生对这一体育项目是否感兴趣、是否愿意参与，决定着这项运动能否在顺利开展。有相关调查研究发现，对于健美操这项运动很多学生是不排斥的，甚至还有一部分的同学是十分喜欢的，这可以看出我国最近几年大力推广健美操运动是有显著成效的。但是，如果我们从健美操的教学效果这个角度来看，我们就会发现学生的需求是十分不平衡的，主要是表现在男生与女生的需求不同，同时，不同的学生对健美操课程内容的需求也不同。具体来看，第一方面，在日常生活中我们都可以发现，健美操是可以塑造优美的体型，而且健美操拥有

艺术性的特点，所以容易受到女生的喜爱，而男生更喜欢竞技性强的运动，我们发现男生与女生对于健美操需求有明显的不同。换个角度来看，我们也可以发现健美操课程男生与女生有明显的不同，比如，高校设立的健美操课程主要就是面对女生，与此同时，教师也多是女性；另一个方面，随着时代的发展与进步，健美操的课程内容也越来越丰富，除了基本的健美操课程之外还有竞技健美操、大众等级健美操等，这为学生提供了很多选择，同时，我们进行调查可以发现，高校的很多学生总是对那些具有时代性特征的健美操感兴趣，对那些无聊单调只有辅助性作用的健美操则没有很大的兴趣。

（三）健美操课程教学效果较好，整体教学水平有待改善

对高校进行健美操教学的老师进行调查研究发现，大多数教授健美操这门科目的教师都是有经过相关培训的，对健美操运动是有一个完整与正确认识的，除此之外，这些教师是可以根据学生的实际情况对教材进行简单的筛选，从而可以高效率高质量地完成教学任务，充分调动学生学习健美操的积极性，取得了良好教学效果。但是我们需要注意的是，教学效果好并不代表着教师的教学水平高。我们发现在实际的教学过程中，仍有各种各样的问题，虽然大部分教师是拥有较高的教育背景的，但是在没有接受过系统的正规健美操学习的教师还是占大部分的，而这些只是简单的接受培训的教师有时是无法解决教学上出现的问题。由此，我们就可以发现，要想在高校很好地开展健美操运动，就必须全面提高教师的健美操的技术与系统理论知识。除了教师的素质会影响教学效果，教材对教学效果也有一定的影响，具体来说，有的学校选择使用全国教材，有的学校则是选择自己编辑的教材，全国的高校并没有将教材进行统一，然而，这种不统一就会严重影响全国健美操教学的规范性，进而无法提高健美操课程的深度与广度。从考核与评价的角度来看，我们发现健美操考核的方式过于单一，只是简单的停留在对动作的考察方面，然而，这样单一的方式没有注意到学生的全面性，因此，容易打击学生的积极性，从而不利于学生对健美操的学习。

第二节 大学生健美操教学的科学理论

大学生健美操教学需要有科学理论的支撑，并由其指导相关动作的教学。健美操相关的理论基础包括生理学基础和心理学基础。在生理学方面，物质和能量的代谢是影响人体机能的重要生理活动，与健美操运动之间有紧密的联系；在心理学方面，人的个性和心理也会在一定程度上影响健美操运动参与的积极性和动作完成质量。

一、大学生健美操教学的生理学基础

（一）大学生健美操运动的物质代谢

1. 糖代谢

在介绍健美操运动中糖的代谢过程之前，需要先对糖进行一定的了解。糖作为人体组织细胞中一种重要的组成成分，对人体具有非常关键的作用。人体内的糖能提供人体所需的 70% 能量，是运动员所需能量的重要来源。除此之外，由于糖在氧化过程中所需的氧比脂肪和蛋白质更少，因此糖也是肌肉和脑细胞活动过程中首选的和最经济的功能物质。在健美操运动中，糖会根据运动负荷的不同，在体内产生不同的变化，也就是说糖的代谢与运动负荷有关。

（1）糖代谢的过程

人体内糖的储存形式为糖原，其在人体内的代谢过程可分为糖原的合成和糖原的分解两部分。

糖原的合成过程可分为三个步骤：首先，人体内的糖在消化酶的作用下被转化为易被吸收的葡萄糖分子；其次，葡萄糖分子在葡萄糖运载蛋白的帮助下进入血液中，成为血糖；最后，血糖进一步合成为大分子的糖原。糖原的类别有很多，人体内的糖原大部分以肝糖原和肌糖原的形式存在，肝糖原是在肝脏中合成并储存的，肌糖原是在肌肉中合成并储存的。糖原的合成除了以葡萄糖为原料外，还包括一些非糖物质，如人体内的乳酸、丙氨酸、甘油等，这些非糖物质通过肝脏的作用转变为葡萄糖或糖原，这一过程也被称为糖的异生作用。

糖在人体内的主要分解途径有三种：糖酵解（即糖的无氧氧化）、柠檬酸循环（有氧氧化）以及磷酸戊糖途径。在无氧条件下，葡萄糖经糖酵解生成丙酮酸，然后经乳酸发酵生成乳酸；在有氧条件下，葡萄糖经糖酵解生成丙酮酸，丙酮酸在线粒体内生成乙酰辅酶 A，乙酰辅酶 A 再经过三核酸循环最后生成二氧化碳和水；在磷酸戊糖途径中也有二氧化碳和水的产生。以上三种分解途径中，第一种和第二种的过程中有能量的产生，在第三种途径中则没有。

（2）健美操运动对血糖的影响

健美操运动对人的血糖变化是有一定影响的，但是否发生变化则由进行健美操运动时间的长短以及从事健美操运动的类别决定。一般来说，偶尔进行健美操运动的人和正常人的血糖浓度并没有什么不同，始终围绕在 3.9～5.9 毫摩尔/升的范围内。但长时间进行健美操运动会使血糖浓度下降，这是因为在长时间运动的过程中会消耗大量的葡萄糖。而不同类别的健美操运动之所以会影响血糖浓度主要是因为训练内容和训练强度的不同，引起的神经系统兴奋性的不同。以竞技健美操为例，竞技健美操在所有健美操项目中是强度最大、运动负荷最大、引起兴奋性最高的项目，在进行竞技健美操的同时，肝糖原不断分解，但由于这项运动的用时较短，强度又太高，因此导致肝糖原分解的量远远超过消耗葡萄糖的量，所以，血糖水平会比运动前有所升高。

（3）健美操运动中的补糖时间

健美操运动是一项耗糖量相对较高的运动项目，尤其是竞技健美操，运动强度和运动量都非常大，因此，要在运动前和运动中进行适量的补糖。为了使运动效果有明显的提高，就需要结合健美操运动中糖代谢的规律进行科学合理的补糖，其中补糖的时间非常重要。

补充糖的最佳时机是运动前两小时，在这期间，所补充的糖分可以通过糖代谢来释放一定的能量，也可以转化成肌糖原、肝糖原等满足血糖的供给需要，使运动员的血糖水平维持在一个较高的状态。另外，运动前一个小时内不适合补糖，如果轻易补充糖会使运动员的血糖水平迅速上升，导致体内的胰岛素大量分泌。胰岛素具有降低血糖的功能，这样一来，补充糖不仅起不到补糖的作用，反而会使运动员出现运动型的低血糖，降低运动能力，破坏训练效果。

补糖的最佳时间是运动中，每半个小时一次，可以通过饮用一些低浓度的运动饮料来保持血糖水平。需要注意的是，千万不要服用高浓度的饮料，因为高浓度的饮料不能被吸收利用，延长了胃排空的时间，从而影响最佳的运动效果。

2. 脂肪代谢

脂肪代谢是指人体内的脂肪在相关酶的作用下，进行消化吸收、合成分解并加工成机体所需物质的过程，脂肪代谢对人体正常生理机能的运动有非常重要的意义。脂肪代谢的原料是脂肪，这是人体需要的重要营养元素之一，供给机体所需的能量，也是能量储存的主要形式。人体脂肪主要来源于外界的食物供给和人体自身的合成，大部分储存在皮下组织、腹部网膜以及内脏器官周围，具有保护内脏、维持体温的功能，并且它会随着新陈代谢而不断更新。健美操运动对人体脂肪含量的要求较高，因此，要想更好地进行健美操运动，全面深入地了解脂肪代谢的过程是非常有必要的。

（1）脂肪的代谢过程

脂肪代谢就是脂肪分解，主要分为脂肪动员、甘油与脂肪酸的氧化以及乙酰CoA的彻底氧化这三个阶段。具体来说，脂肪动员阶段就是脂肪在脂肪酶的作用下将脂肪分解成甘油与脂肪酸，分解之后就是甘油与脂肪酸进行氧化。其中，在甘油的氧化过程中，甘油先在酶的催化作用下逐次形成磷酸二羟丙酮，再经糖酵解或有氧氧化进行供能，也可转变为糖脂肪酸与清蛋白结合转运入各组织经B—氧化供能。在脂肪酸进行分解与氧化时会产生一个重要的物质即脂酰CoA，研究发现这个物质完成脂肪分解过程中的中间物质，完成脂肪分解。完成这个过程之后就进入到乙酰CoA的彻底氧化阶段，在这个阶段中，乙酰CoA经三核酸循环，最终将脂肪分解成二氧化碳和水，从而排出体外。

（2）健美操运动与脂肪代谢

在一定时间内的有氧运动中，脂肪是人体主要的供能物质，并且其供能量与时间的长短成正比。健美操运动是一项典型的有氧运动，长期坚持进行这项运动，可以有效地改善血浆中的高密度脂蛋白胆固醇含量，降低人体胆固醇，防止动脉粥样硬化，对人体有益。除此之外，坚持进行健美操运动，还能防止脂肪在体内的过度积累，具有减肥健美的功效。

3. 水、盐代谢

（1）水代谢对健美操运动中人体的影响和作用

水是人体结构的重要部分，它能促进细胞的新陈代谢，并参与维持细胞的正常形态和完整细胞膜的组成。水在人体中的比例是65%—80%，分布在人体各器官和体液中。水的代谢对健美操运动非常重要，这是因为在进行健美操运动时，体内的热量变化会引起体温变化，而水的代谢可以稳定这种变化，保持体内温度的平稳，避免人体温度失衡。

（2）无机盐代谢对健美操运动中人体的影响和作用

无机盐是构成人体组织的重要原料，在人体内含量不多，仅占体重的4%左右，但是，其在维持渗透压、维持体内酸碱平衡以及维持神经肌肉兴奋性等方面有很大作用。在健美操运动中，无机盐的代谢能保证体内水分的平衡，使身体机能正常运行。

进行健美操运动时，为了使无机盐能正常代谢，就要注意饮水量和饮水次数，基于此，健美操运动员一般会遵守饮水"少量、多次"的原则。如果饮水过多，血液被稀释，不仅心脏负担会加重，还会出现消化不良的问题。正确的补水时间是运动前10—15分钟内或运动中的每15—20分钟内，适宜的补水量在运动前为400—600毫升，运动中为100—150毫升。

（二）能量代谢

1. 磷酸原系统

在健美操运动中，能量的主要来源是三磷酸腺苷（ATP），它也是生物体内最直接的能量来源。ATP储存在细胞中，肌肉中ATP的储存较少，不能满足人体日常运动能量的需要，因此ATP在肌肉中的储存量不能决定ATP主要作用的发挥，其作用的发挥与否在于ATP是否能迅速合成。ATP的能量供应如下：在运动开始时，肌肉收缩，储存在细胞中的ATP迅速分解，在ATP分解过程中，与之紧密相关的是磷酸肌酸（CP），它也在迅速地分解，并且放出能量，供ATP的再次合成。值得强调的是，CP在分解的过程中虽然也释放出一定的能量，但这些能量并不能被细胞生命活动直接利用，而是用于ATP的再合成，ATP是将人体内的化学能转化为机械能的唯一直接能源。

在人体中，ATP和CP都属于高能磷酸化合物，二者所组成的系统被称为磷酸原系统，这一系统是不可替代的迅速能源生成系统，为高强度运动提供能量。人们在最开始进行健美操运动时，首先，会选择磷酸原供能系统，这是因为ATP、CP都是以水解分子内高能磷酸基团的方式供能，随着训练强度的增加，ATP的转换率加快，人体对磷酸原供能系统的依赖性也随之加大。

2. 乳酸能系统

虽然磷酸原供能系统是功率输出最快、持续时间短、没有中间产物的供能系统，但是在健美操中，有一些项目的运动强度过大，运动时间持续较长，仅靠磷酸原系统供能是不能及时供运动者进行ATP补充的，如竞技健美操项目，这时，就需要另一个供能系统——乳酸能系统（糖无氧酵解系统）的帮助。乳酸能系统供能是指在供氧量满足不了人体需求的情况下，使肌糖原与葡萄糖在无氧分解过程中再合成少量ATP的过程。

机体内部糖酵解的过程为：首先，糖从葡萄糖生成2个磷酸丙糖；其次，磷酸丙糖转化为丙酮酸，生成ATP。在有氧条件下，丙酮酸可进一步氧化分解生成二氧化碳和水。在缺氧条件下，丙酮酸在乳酸脱氢酶的催化下接受磷酸丙糖脱下的氢，被还原为乳酸。在氧供应充足时，无氧酵解所产生的乳酸，一部分在线粒体中被氧化生能，一部分被合成肝糖原等。乳酸是一种强酸，当过多的乳酸积聚在体内时，就会破坏机体内环境的酸碱平衡，使肌肉工作能力下降，造成肌肉暂时性疲劳。

乳酸供能系统有持续时间短、供能总量多无氧的特点，所以，就会生成乳酸这种物质，乳酸这种物质就是让人感到疲劳的物质。

糖无氧酵解在健美操运动中是一个连续的过程。首先，在运动的初始阶段，经过ATP酶的催化作用，ATP被迅速水解并释放出一定的能量；其次，机体内ATP的浓度会暂时下降，但是，在利用CP分解时所释放的能量后，又可以使ATP再次合成。糖酵解过程在肌肉利用CP的同时被激活，然后肌糖原就会迅速分解并提供运动中需要的能量。通过上述介绍我们可以知道糖无氧酵解在运动中具有非常重要的作用。

3. 有氧氧化系统

除磷酸原系统、乳酸能系统外，有氧氧化系统也是健美操运动中常见的供能系统之一。有氧氧化系统，顾名思义就是在氧气供应充足的条件下进行供能的能量供应系统，糖、脂肪和蛋白质是此系统中主要的消耗材料，在氧化作用下，以上的三种物质最终会被转化成二氧化碳和水。

与磷酸原系统和乳酸能系统相比，有氧氧化系统最大的特点是能够进行长时间的供能，产生大量的 ATP，维持肌肉的工作。相关数据显示，有氧氧化系统中由葡萄糖氧化所产生的 ATP 是糖无氧酵解的 19 倍，并且，它还能将糖无氧酵解的产物——乳酸彻底氧化成二氧化碳和水，释放能量供机体利用。因此，有氧氧化系统是进行长时间耐力活动的物质基础，在练习有氧健美操的过程中，可以有效地将无氧代谢过程中产生的乳酸快速地消除，以增强竞技健美操的训练效果。

在机体有氧氧化系统中，首先消耗的能源物质是体内的糖，其次是脂肪，最后是蛋白质。在健美操运动中，根据运动进行时间的长短，这三种物质也逐次被分解用以供能。在运动时长不超过两小时、运动强度较低的情况下，糖原是最先供能的物质；在运动时间不超过半个小时、运动强度为中低强度的情况下，脂肪为主要的供能物质。脂肪与糖原虽然都适用于中低强度的运动供能，但其比例会随着运动强度的增大而逐渐降低，这是由于脂肪在氧化过程中对糖原有一定的依赖性，当肌糖原逐渐被耗尽时，脂肪与糖原的供能比例才逐渐升高。当运动时长超过半小时，运动强度较大时，供能物质就会有蛋白质。值得注意的是，此时的供能总量并不是蛋白质总的供能量，其中还包括肌糖原的供能量。在肌糖原储备丰富时，蛋白质的供能量只占总量的 5%，当肌糖原逐渐消耗完，蛋白质的供能比例逐渐上升时，最大供能可以达到总供能量的 15%。

二、大学生健美操教学的心理学基础

（一）个性心理与大学生健美操运动

1. 能力

能力是完成某项活动的必要心理特征。能力是运动员掌握健美操技能和提高成绩的基础。不同的人的能力有不同的特点，因此，存在多个方面的差异，如能力类型的不同、能力表现的时间的不同、能力发展水平的不同等。

2. 性格

个人对现实的稳定的态度和习惯化的行为方式即性格。性格与能力一样都是一种稳定的心理特征。和能力一样，每个人的性格也各不相同。性格特征有特殊的表现，具体如下：

第一，性格是现实社会关系在人脑的反映，个人的思想意识和行为习惯能从其对现实的稳定态度和采取的某种行为方式中得到反映。

第二，性格特征比较稳定，但又有可变的倾向。性格具有稳定性、经常性和一贯性的表现。性格又是可变的，如一个胆小怕刺激的大学生，经过长时间的健美操运动训练和多次比赛后，很有可能变成一个坚强勇敢的运动员。

3. 心理健康

一般来说，人的健康不仅包括生理上的健康，还包括心理上的健康，并且生理状态和心理状态相互影响。相互调节。权威的医学研究证明，人的大脑中存在一种与身体和心理都具有密切关系的化学物质，它在调节人体的免疫系统的同时，还影响人的思想感情，也就是说在保持良好心态的同时，人体内也在分泌着各种有益于身体健康的化学物质，在生理和心理的双重作用下，人的免疫机能会有大幅度提高。医生在为患者进行康复治疗时，往往会建议患者保持一个乐观、积极的心态，因为这样对身体的恢复有很大的帮助。如果患者每天都沉浸在负面消极的情绪中，不仅不能让病情有所好转，而且还可能导致其病情的恶化。

长期坚持健美操运动对人的心理健康具有正面影响，因为这符合传导兴奋的原理。传导兴奋原理认为神经兴奋具有双向传导的作用，以大脑和肌肉为例：神经兴奋既可以从大脑传至肌肉也可以从肌肉传至大脑。在神经兴奋传导的过程中，肌肉活动越积极，对神经的刺激就越大，大脑就越兴奋，情绪就会高涨；若肌肉活动比较消极，对神经的刺激随之减少，大脑兴奋性降低，情绪就会低沉。从这个原理中我们可以得知运动能有效调节情绪，因此，很多医学研究者也将运动疗法作为治疗过程中可取的方案之一。

（二）心理因素对大学生健美操运动的影响

在健美操运动的分类中，竞技健美操逐渐得到越来越多人的喜爱。运动员除了要展示自己高超的动作技巧之外，还需要具备较强的心理素质，减少心理因素对表演或比赛的影响。除了竞技健美操，其他类别的健美操表演也都需要表演者增强心理素质来更好地将自己优美的身姿和技艺展现给观众。下面将从智力、情绪、意志这三个角度出发阐述心理因素对健美操运动的影响。

1. 智力

人的智力影响着人身体活动的方方面面，健美操运动也不例外。健美操运动需要运动员用敏锐的观察力、精准的记忆力、丰富的想象力完成难度动作的创编和练习，如果智力没有得到很好的发展，身体的活动能力就会受到限制，因此，智力的发展与身体活动能力的发展在健美操运动中具有非常密切的关系。对于一个优秀的健美操运动员来说，其表现力、创新力、思维能力等都是必不可少的，所以要在成长过程中重视智力的发展。

2. 情绪

情绪是人的一种情感体验，它反映了人对客观事物表达出的态度，在人的身体活动中也具有非常重要的作用。对于运动员来说，要想在比赛中取得较好的成绩，不仅要有过硬的技术本领，而且还要保持一个平稳的情绪状态；对于表演者来说，要想呈现最完美的演出，必须以一种饱满的情绪来进行。由此可知，好的情绪对人具有帮助作用，相反，不良的情绪则会打乱人的整个状态，让人心神不宁。健美操运动是一种散发着热情和活力的运动项目，运动员要用自己饱满的情绪去感染观众，如果在运动的过程中不能将自己的情绪稳定好，注意力不集中，就很难掌握动作技能，甚至还会受伤。反之，用良好的情绪去训练或表演就会获得令人满意的运动效果。因此，学会更好地控制情绪也是每一位健美操运动员必备的技能。

3. 意志

意志是一个人意识能动性的集中表现，拥有坚强的意志品质对大学生来说终身受益。从培养意志品质的角度出发，进行健美操运动是一个很好的选择，同

样,坚强的意志品质也有利于健美操运动,二者相互成就,相互促进。意志品质对健美操运动的影响体现在以下三方面:

(1)满足各种动作的需要

健美操运动相较于日常活动来讲,身体各部位的紧张程度更高,尤其是肌肉始终处于高强度状态,运动员需要以这样的身体状态在不同情境和困难条件下,完成各种难度水平的动作。如果没有一定的意志力做支撑,运动员就很难满足各种动作的需要,因此,意志力能帮助运动员完成各种难度的动作。

(2)克服各种不良影响

在健美操运动中,运动员可能会受到各种各样的干扰,有来自外界的,也有来自身体内部的。这时,运动员通过意志力来集中注意力,可以有效地排除各种干扰,克服不良影响。

(3)更好地坚持训练

任何运动项目的训练都是枯燥而辛苦的,健美操运动同样如此。运动员在训练到一定程度时,身体和心理会遇到一些瓶颈,可能出现疲惫和厌倦的消极情绪,也可能产生运动损伤。这时,意志坚强的人就会克服各种困难,坚持将训练完成。

第三节 大学生健美操的教学内容与任务

一、大学生健美操的教学特点

教学是以课程内容为中介的师生双方教和学的共同活动。健美操运动教学就是学生在教师指导下,系统地获取健美操知识、技术、技能,培养综合素质和能力,形成和谐发展个性的认识和实践过程。

健美操运动教学主要是以运动技术的学习为中心开展的,其教学除了具有体育教学的一般特点外,还具有以下几方面的特点:

(1)寓教于乐

健美操是将人体艺术与体育美学融为一体、极具观赏性的体育运动项目,再加上激情音乐的伴奏，学习与练习健美操本身就是美的享受和快乐的体验，因此深受人们喜欢。同时，随着人们对健身的理解及对健身需求的多样化和个性化需求，健美操也在不断地丰富自身的内容和形式，以更加适应人们的需求。因此，健美操运动教学过程也是与时俱进、充满时代气息和时尚感的运动体验过程。

（2）注重直观教学

健美操动作数量较多，动作路线及动作之间的连接变化也较复杂。想要单纯地靠语言叙述教会学生不太现实，所以教师们在教学过程中比较喜欢运用演示的方式进行教学，这样学生可以很直观地看到动作的要领，与此同时，教师在教学过程中进行语言提示，也可以让学生更快、更容易地理解动作，从而掌握动作要领。

（3）音乐伴随始终

在日常生活中我们发现，健美操运动一直都是伴随着音乐进行的，是在音乐的节奏与韵律下表现动作美与精神美，是视觉美、听觉美与感觉美的融合。如果健美操脱离了音乐那么就缺少了美，因此，进行健美操教学时音乐也是贯穿整个教学始终的。

（4）广泛运用动作组合教学法

随着时代的进步与发展，健美操也紧跟时代的潮流不断地进步与发展，经常进行国内外健美操的交流，在交流的过程中，不断地在原有动作的基础上进行创新，形成了许多新的健美操动作，与此同时，还形成了持续与连贯的教学方法，即线性渐进法、金字塔法等，具体来说就是在教学过程中，在音乐的伴奏下，教师先是教一个简单的动作，然后再进行重复，在对这个动作熟练的基础上进行下一个动作的教学，在学新的动作时需要接着上一个的动作进行，然后老师在教学过程中对学生的动作进行提示，最终让学生掌握所有的动作，进而形成一个组合。这样的教学方式，有助于学生对连贯动作的记忆与衔接，从而让教学得到顺利地进行与开展，进而达到高水平的有氧健身效果与教学效率。我们对当前的教学方法进行调查发现，大部分的老师在教学的过程中都使用这一方法，由此，我们可以说动作组合教学是健美操教学的一个重要特色。

除此之外，健美操还十分强调动作的表现，注重在跳健美操的时候凸显出激情与精神风貌。这种表现力，具体来说，就是通过面部的表情与身体的动作幅度与力度来抒发内心的情感，而健美操这项运动有积极、阳光与乐观的特点，所以健美操比较强调在动作上突出表现力。

二、大学生健美操的教学内容

（一）健美操基本动作概念

健美操的基本动作主要就是指动作中最主要与最稳定的动作，主要包含三种：基本姿态动作、基本难度动作与基础动作。

具体来说，健美操中的基本姿态动作就是身体在静态或者在动态的情况下的动作姿势；基本难度动作就是指在比赛过程中一些特定的有难度的动作；基础动作就是根据人的生理结构，人们可以做出来的基本的有代表性的动作。

通过观察我们可以发现，大部分的健美操都是在基础动作的基础上对动作进行编排，看似复杂其实只是内容丰富，动作还是相对简单的，因此，这样对于刚学健美操的人们来说可以很好地练习与掌握，形成一个良好的姿态，从而为下一步学习更加复杂的健美操动作打下良好的基础。

（二）健美操基本动作的作用

1. 健美操教学和训练的基础

在日常生活中我们可以发现，不管学习哪一项任务都需要循序渐进地进行，健美操的学习也是如此，是一个循序渐进由易到难的过程，所以，在进行健美操教学时，我们也要尊重这一规律，将基本动作作为教学的内容进行教学。与此同时，我们还发现，基础动作都是按照人的生理结构科学制定的，所以先对学生进行基础动作的训练是有利于学生真正地掌握正确的动作技术与肌肉运动的感觉，从而有针对性的锻炼身体中的某个固定的部位，进而在掌握基本动作的基础上逐渐学会成套甚至是更复杂的动作，为健美操的进一步学习与发展打下坚实的基础。

2. 有效提高身体基本姿态和动作的规范性

健美操学习者在学习基础动作后可进一步学习成套的组合动作，但是有很多健美操学习者在进行成套动作时总是关注动作连接，反而对动作的姿态与规格的关注度不够。因此，加强对健美操基础动作的学习与练习，可以有效地弥补动作不标准的这一缺陷与不足。那么，为什么基础动作可以有效锻炼动作的标准度呢？简单来说，就是基础动作的难度较小，学习者很容易学会，因此，在练习的过程当中就会更加关注动作的质量与标准度，从而不断地提高动作的质量。

3. 有助于发展身体各部位的灵活性和协调性

对健美操这项运动进行练习可以有效地提高学习者身体的协调性与灵活性，与此同时，还可以根据需要发展与提高局部部位动作的标准程度。

（三）健美操基本动作介绍

1. 躯干动作

在进行健美操运动时，躯干的各个部位都在运动，包括头颈动作、肩部动作、上肢动作、胸部动作、腰部动作、髋部动作、下肢动作。

（1）头颈动作

屈：就包括前屈、后屈、左右屈，指头颈关节角度的弯曲。

转：指头颈部绕身体进行左右的转动。

绕：指头以颈为轴心进行向左与向右的弧形运动。

绕环：指头以颈为轴心进行向左或者是向右的圆形运动。

平移：指头颈在肩横轴上进行前后左右的水平移动。

（2）肩部动作

提肩：就是单肩提、双肩以及肩胛骨做向上提起的动作，这个向上提包括提与依次向上提。

沉肩：就是指肩部进行向下的动作，这个向下的动作包括一个肩向下，两个肩同时向下或者依次向下。

绕肩：指以肩关节为轴做小于360度的弧形运动，包括单肩向前、后绕，双肩同时和依次向前、后绕。

肩绕环：指以肩关节为轴做360度及360度以上的圆形运动，包括单肩向前、后绕环，双肩同时和依次向前、后绕环。

（3）上肢动作

举：指以肩为轴，臂的活动范围不超过180度而停止在某一部位的动作，包括单臂和双臂的前、后、侧、侧上、侧下举等。

屈：指肘关节产生一定的弯曲角度，包括胸前平屈、肩侧屈、肩上侧屈、肩下侧屈、肩上前屈、腰问屈、头后屈。

伸：指臂部关节伸展的动作。

摆：指以肩关节带动手臂来完成臂的摆动动作。

绕：指双臂或单臂向内、外、前、后做180度以上，360度以下弧形运动。

绕环：指以肩为轴、双臂或单臂向前、向后、向内、向外地绕环。

振：指以肩为轴，臂用力摆至最大幅度，包括上举后振、下举后振、侧举后振。

旋：指以肩或肘为轴做臂的旋内或旋外动作。

（4）胸部动作

含胸：指两肩内合、胸廓内收。

展胸：指挺胸肩展。

移胸：指髋部固定，做胸左、右的水平移动。

（5）腰部动作

屈：指下肢不动，上体沿矢状轴和水平轴的运动，包括腰前屈、后屈和左、右侧屈。

转：指下肢不动，上体沿垂直轴和水平轴的扭转。包括腰的左、右转。

绕、绕环：指下肢不动，上体沿垂直轴做弧形和圆形运动，包括腰的左、右绕和绕环。

（6）髋部运动

顶髋：指髋关节做急速的水平移动，包括左、右、前、后顶髋。

提髋：指髋关节急速向一侧上提的动作，包括左、右提髋。

绕和绕环髋：指髋关节做弧形和圆形移动，包括向左、右绕和绕环髋。

（7）下肢动作

踢：指腿由下向各方向做加速摆动的动作，包括前踢、后踢、侧踢。

弹踢：指弹腿屈膝抬起（大小腿成 90 度），向各方向做弹伸的动作，包括向前、侧、后弹踢。

跪：大小腿折叠时是全跪，大小腿形成夹角时是半跪。

屈伸：指膝关节由直成屈再由屈伸直的动作，包括两腿同时或依次的原地和移动屈伸。

内旋和外旋：指以髋和膝为轴做腿的向内和向外的旋转动作，包括两腿同时或依次内旋和外旋。

2. 基本站立

基本站立由立、弓步、跪立等动作组成。

立：包括直立、开立、点地立等动作。直立指头颈、躯干和脚的纵向保持在一条直线上。开立指两脚左右分开与肩同宽或宽于肩。点地立指一腿直立（重心在站立脚上），另一腿向各方向伸直、脚尖点地，包括前点立、侧点立、后点立。提踵立是指两脚跟提起，用前脚掌站立。

弓步：指两腿前后或左右开立，一腿绷直，另一腿弯曲；屈腿的膝部与脚尖垂直，包括前、侧、后弓步。

跪立：指大腿与小腿成直角的跪姿，包括双腿跪立、单腿跪立。

3. 基本步伐

基本步伐是健美操的基础，是下肢动作基本姿态的主要练习手段，主要体现健美操动感操的动感和活力，更强调动作的自然性和随意性。它是由踏步、后踢腿跑、吸腿跳、开合跳、弓步跳、弹踢腿和踢腿跳等七种基本步伐组成。

踏步：有原地踏步、移动踏步、V 字步和转体踏步等。

后踢腿跑：有原地后踢腿跑、移动后踢腿跑和转体后踢腿跑等。

吸腿跳：有原地前或侧吸腿跳、移动的向前或侧吸腿跳以及转体的吸腿跳等。

开合跳：开合跳有很多种类，不仅只有原地的开合跳还有移动的开合跳、左右开合跳等；按照方向划分还有前后开合跳与左右开合跳；按照动作的形式还有同起同落的开合跳与单腿起双腿落的开合跳。

弓步跳：有前弓步跳、左右弓步跳、移重心弓步跳、移动弓步跳和转体弓步跳等。

弹踢腿跳：有原地弹踢腿跳、移动弹踢腿跳和转体弹踢腿跳等。其方向可向前、侧、后。

踢腿跳：有原地踢腿跳、移动踢腿跳和转体踢腿跳等。其方向可向前、侧、后。

（四）健美操基本动作教学

1. 正确运用示范和讲解

教师在进行健美操教学时，一定要正确的对学生进行动作的示范与讲解，这样才能让学生更加地了解健美操动作的外部形态、从而让学生更好地完成基础动作的学习，教师更好地提高教学质量。与此同时，教师在进行动作示范时一定要根据不同的动作进行不同的教学示范与教学方法，在示范与讲解动作时，语言要简洁易懂，动作要有顺序，从上到下的进行，有序地进行讲解。

2. 注意动作完成的正确性

在进行动作教学时，还要注意健美操动作的正确性，因为正确地完成动作可以让动作变得更加优美。那么，如何在教学中让学生正确地完成动作呢？具体来说就是，在进行教学时教师要坚持从简单到难的教学原则，可以在进行教学时将动作进行分解，先进行上肢动作的教学再进行下肢动作的教学，最后，各个位置进行配合，最终正确、完整的掌握动作，然后在对于一些较难的动作时我们可以从简单的学起，进行重复的训练与练习，逐渐过渡到可以进行完整的练习。

3. 注意动作完成的优美性

健美操是将健身、力量与美感这三者相结合，而且健美操这项运动的基础就是基本动作。由此我们就可以发现，在学习健美操时除了关注健美操动作的正确性之外，还要关注做出的动作是否优美。因此，教师在进行健美操教学时要在各个动作做到位的基础上，还要按照动作要领做到位，从而让动作变得优美大方。

4. 口令的运用

教师在进行健美操教学时还要注意口令这一要素，对口令的具体要求就是要清晰、洪亮还要有节奏，根据动作的快慢与轻重缓急进行变化，这样学生就可以根据口令进行动作，同时，还可以对动作要领进行提示与要求。由此，在进行教学时我们就可以对初学者进行口令的练习，熟练后再通过音乐进行练习。

5. 及时纠正基本动作中的错误动作

在教学时我们发现，动作的练习是一个肌肉记忆的过程，所以教师一定要在发现学生有错误动作时就及时地对其进行纠正与讲解，避免学生形成错误的肌肉记忆，并且，还要对正确的动作加强练习，从而形成正确的肌肉感觉，保证在下一次动作是正确的。

6. 音乐

我们在日常生活中可以发现，音乐的旋律与节奏是健美操的灵魂。具体来说，健美操的音乐大多选用的是节奏欢快的音乐，比如，摇滚乐与迪斯科等，这些欢快的音乐可以刺激人们的大脑神经，不仅可以让人们感到兴奋，而且还提高人们的想象力与丰富人们的表现力，因此，在进行健美操基本动作教学时要选用节奏合适的音乐。具体来说，就是在做较为舒缓的动作时可以配用节奏慢的音乐，对于那些跑跳的练习可以配备节奏快与节奏感强的音乐。

三、大学生健美操的教学任务

（一）传授健美操知识、技术

健美操运动教学是教师有计划、有目的地传授和学生循序渐进掌握健美操的知识、技术与技能，并系统地领会这些知识，加以灵活运用的一系列活动过程。传授知识是形成技能、培养智能和发展个性的基础，教师在注重传授系统知识、间接经验的同时，应注重感性认识和理性认识的结合，必须使学生的认识活动从感性阶段上升到理性阶段。在学生掌握了这些基本动作后，教师就可以引导与帮助学生对所学的知识进行灵活与综合的运用，从而让学生在面对一些问题时可以尽快与有效地将问题解决。

（二）掌握健美操动作技能

掌握运动技能不仅是锻炼学生身体、发展学生运动素质的途径，也是体育学科"传道、授业、解惑"的本质。因此，从根本上讲掌握并提高运动技能是学生"学会运动"和"运用运动技能"的具体反映，也是"终身体育"的必要前提。学生没有掌握、没有提高运动技能的体育教学是空洞的体育教学。因此，教师应该充分认识运动技能在学习中的重要意义，切实搞好运动技能教学。技能的形成要经过长期反复地练习，才能逐渐达到熟练的程度。熟练的标志就是可以高度自动化地完成特定任务。对于健美操来说，只有学生掌握了相当熟练的技能技巧之后，才能考虑到动作的艺术表现力，才能追求更多的美感和创新。

（三）培养智能

对健美操的掌握不仅是一项智力内容，同时还是一项获取知识的活动，因此，健美操不仅可以锻炼人的能力还能锻炼与提高人的智力。在教育学领域，认为学生在探索中获取知识，更有利于他们提高解决实际生活当中问题的能力，可以让学生在实践中灵活地运用所学的知识。由此，教师在进行教学过程中要学会创设情境，不断地向学生提出问题，让学生进行思考，尝试运用所学的知识去解决问题，进而培养与提高学生的智力与能力。

（四）增进健康，塑造形体

教学的目的是促进学生的身心发展。健美操作为一项有氧运动，其健身功效已达成社会共识。健美操练习可以改善心血管系统功能，提高心肺耐力、增进健康，塑造形体、全面提高身体素质。但是，通过健美操的教学如何更好地促进这些方面的发展，是教师需要思考和解决的问题。这就需要教师在教材、教法及组织形式上选择、安排和应用上精心设计，做到既能完成教学任务，又能很好地发展学生的身体素质，提高学生的健康水平。

（五）培养非认知因素

简单地说，非认知因素包括认知因素以外的影响认知过程的一切心理因素。

学生的学习过程是以人的全部心理活动为基础的，有认知的活动，也有兴趣、动机、情感、意志及人格等非认知因素。影响认知过程包括感知、记忆、思维等活动，它直接指向学习课题。非认知因素虽不能直接参与认知过程，不能改变人的智力水平，但能调节和控制认知活动，决定一个人的智力水平能否得到充分发挥，可以说学习的成功是由认知因素和非认知因素共同决定的。如果没有良好的非认知因素作为其心理条件，学习上的成功是不可能实现的。教学过程的目标不仅是让学生获得知识、发展智力，同时学生良好的意志品质、热爱科学、追求真理、为科学献身的精神、其实际意义也不亚于促进智力的发展、它本身就是社会对新一代的基本要求，是教学的目标之一。那么，对于健美操科目的教学，培养学生的非认知因素也应作为该科目的一项基本任务。非认知因素主要包括兴趣、情感、意志、焦虑及人格特征等，它们在个体身上表现为学习态度，它以动机为核心，调节学习活动的进行。在教学中动机起着最直接最有效的作用，学习兴趣和意志品质都可以在动机的培养中得到改善，教师可以通过适当的方法来培养和激发学生学习的动机。

健美操运动教学中，教师首先应在思想上重视对学生动机的培养，其次就是方法问题。健美操运动教学中培养动机的主要方法有：通过教师优美的示范动作和悦耳动听的音乐唤起学生的认知兴趣，引起学生学习需要和兴趣；通过丰富多彩、造型优美的动作内容及生动的教学方法来吸引学生，引起学生的注意力和探究倾向；通过学习目的的教育，使学生认识到学习健美操的意义，体会到掌握健美操技能是一种本领；提高学生的志向水平，从而影响学生的学习积极性，多用鼓励性的语言，避免频繁地对学生施加考试和竞争压力。

（六）提高审美素养，陶冶美的情操

健美操的强劲、富有表现力的动作和优美动听的音乐能使人产生美的情感，而健美操运动能给人带来大方、自然、协调与健康的美。因此，进行美的教育也应是健美操运动教学的一项任务，教师因充分利用健美操所表现出的"健康美""形体美""动作美""技术美""造型美""音乐美""服装美"等特点，在教

学中加强"心灵美"的教育，实现对"心灵美"的追求。在欣赏美、感受美的基础上提高对美的境界的追求，并形成在生活中创造美的意识和行为习惯。

（七）提高学生的社会适应能力

社会适应是一种能力，具体来说，就是个人通过调整自己的行为与心态，使自己与社会环境相互作用，适应周边的环境，从而获得形成良好人际关系与社会角色的能力。换个角度来看这还是个人不断与社会接轨的过程，也是个体不断社会化的过程。随着时代的进步与发展，人们之间的联系越来越紧密，交流越来越频繁，所以，社会适应能力是当今社会上一项十分重要的能力，在很多高校已经将提高学生的社会适应能力作为体育教学的重要任务与重要目标。健美操运动教学中，教师应以发展学生的社会适应能力为己任，通过营造良好的、宽松的课堂氛围，建立和谐的师生关系，使学生生动、活泼地进行健美操的学习、训练及群体或个体之间互动交流，培养个体的社会适应性。通过开展竞赛活动，培养学生的竞争意识，增强学生的集体荣誉感、责任感和团队协作意识。通过开展丰富多彩的课外实践活动，使学生走出课堂，参与体育活动，加强不同年级同学间的友谊，提高群体意识，使人际关系变得更加和谐、融洽，提高适应外界环境的能力。

第四节　大学生健美操的教学方法与手段

一、大学生健美操的教学原则

任何的教学活动都离不开教育者、教育对象的参与，健美操教学也是如此，是在教师与学生的共同参与下完成的，具体来说，教师就是在教学计划与教学大纲的要求下指导学生进行健美操的学习，让学生有效的，系统地学习与传播健美操的知识，掌握健美操技能的过程。对健美操这项运动进行研究我们发现，健美操的动作丰富多样、形式多样，是在节奏性的音乐律动下进行的富有朝气、活力、优美的运动项目。在进行健美操专项教学时，我们要注意每一阶段的练习，在阶段的练习时我们都应该重视每个基础动作的练习效果，因为只有每一阶段的练习效果好、练习质量高才可以让整体的、成套的动作质量得以提高。除以上要注意的之外，我们还要注意的是在教学过程中，教师在遵循教学原则的基础上，还要进行变通，教师应该根据不同学科的特点，对教学方法进行创新与丰富，曾经有学者说"原则不是研究的出发点，而是它的最终结果。"因此，在进行教学过程中，我们应该在教学原则的基础上，对健美操的教学方式进行创新与丰富。那么，健美操教学的原则就是要在教学实践中，不断地总结研究教学规律，由此制定健美操教学的基本要求和指导原理，在健美操的教学中起指导、调节的作用。所以，如果教师是在健美操教学原则的基础上，对教学方式进行研究与设计、对教学效果进行评价与检查，我们就会发现他可以让健美操呈现出最积极与最优质的特点。由此，我们可知，教师在进行健美操教学时，应该根据项目，正确的贯彻与灵活运用教学原则，从而更好地发展体育项目。

（一）教师主导作用与学生自觉性相结合原则

教学是一个双向的过程，需要双方共同的活动。健美操的教学活动也是如此，需要教师与学生在教学过程中都具有明显的积极性时才可以完成教学任务，拥有良好的教学效果。如果有任何一方的积极性缺失都不会形成高效率与高质量的教学效果。在教学过程中，教师的作用极为重要，主要就是体现在教师提高学生学习的积极性。从本质上看就是在教师教与学生学这两个方面，具体来说就是在教学实践中，学生与教师之间的关系是相互独立与相互依存的，教师在教学过程中应处于指导与主导的地位。

在教学过程中，教师处于教学过程中的主导地位主要是体现在教师按照教育的方针政策，根据学生学习的特点对教学过程进行组织与设计，从而在教学设计中教师可以充分地发挥出教师的能力，让学生能够尽快地掌握健美操的理论知识与技能。除此之外，教师的主导作用还体现在教师可以对教学过程进行调节与控制，学生学习的积极性与教师对教学过程的控制与指导具有很大的关系。教师还可以对学生学习的积极性产生主导作用。

那么，什么才是学生学习的积极性呢？具体来说就是学生在教师的启发下，学生可以明确学习的目的，可以提高学习的兴趣，在学习的过程中学生能够认真学习教学内容，能够听取教师的意见，能够积极参与教师设计的教学活动。

随着时代的进步与发展现代的教学理论与传统的教学理论有所不同，现代教学理论更加注重学生学习的自主性与积极性，学生学习的积极性提高了就可以有效地提高教学的效果，达到教学相长的目的与成果，具体来说，就是学生愿意学习教师也就更愿意积极地备课与设计教学活动。

但是，教师要想在教育过程中充分发挥自己教学的主导作用就需要注意以下七个方面：

第一方面，是在教学过程中要有高度的责任心与事业心。教师只有热爱自己本职工作才可以在工作的过程中，对各项的工作任务保持认真的态度。同时，教师只有良好的工作态度是不够的，与此同时，还需要有良好的工作能力，在教学过程中始终保持严格、认真的亲切平和的态度，有条理丰富地引导学生进行健美操的学习，从而让学生了解这项运动的意义与体会这项运动的价值，进而爱上这项运动，增强他们学习的积极性与主动性。

第二方面，是要在教学过程中做到教学相长，教师应该深刻了解自己所教科目的大纲内容与对学生的培养目标，不断学习前沿的资料，不断地学习新的知识，从而让自己的知识不断地进步与发展，进而在教学过程中提高教学质量。

除此之外，教师还应该在教学过程中不断地发现学生的创新精神，对学生积极地进行鼓励与培养，并从学生的创新精神中获得灵感与启发。进而不断地提高自己的教学水平。

第三方面，教师要积极地了解学生的实际情况，这样才有助于教师与学生交流思想情感，教师能够更加准确的把握学生的思想，从而可以更针对学生的对教学进行设计与组织，进而可以提高与激发学生学习的积极性，让学生更加顺利的学会健美操的理论知识与技能。

第四方面，当教师在进行教学研究时，还要注重教学方法的研究与选择，教学方法的选择对学生是否积极学习具有十分重要的作用。因此，教师在教学过程中要多对学生进行了解，针对学生的喜好与需求对教学方法进行设计与组织，同时还可以根据学生的学习情况,对其进行针对性的训练与教学,从而让学生更加积极乐意的进行学习,更加简单的突破一些难点,进而顺利地完成与学习这项任务。好的教学设计与教学方法不仅可以让教师更好地管理学生,还可以增强学生学习的积极性与信心。

第五方面,在进行教学过程中,教师还要进行民主教学,在发挥主导作用的同时,还要提高学生在课堂上的主体地位,具体来说就是教师在进行教学时要不断地引导学生回答问题与提出问题,与此同时允许学生将意见与问题进行交流与交换,从而让学生在不断交流的过程中提高自己学习的积极性以及思考问题与解决问题的能力。

第六方面,在完成教学后,进行教学评价也是也一项十分重要的教学环节,具体来说,客观准确的教学评价有利于激发学生的学习兴趣,但是有所偏颇与不准确的评价都会对学生的心理造成十分负面的影响,因此,教师在进行评价时一定要客观公正。

第七方面,教师在进行教学时,还要将美作为自己教学的准则,美指的方面不只是形象上的美,还是语言与心灵的美,教师坚持为人师表,坚持与践行美,有利于激发学生学习的积极性。

(二)直观与思维相结合原则

健美操有不断发展新动作的显著特点,如果单纯地靠记忆学习健美操是不能满足需求的。因此,不管是学习健美操还是对健美操进行教学都应该坚持直观与思维相结合的原则。人们对客观事物的学习都是通过感官来进行学习的,感官包括视觉、听觉等。那么,直观与思维相结合的原则就是,所学的动作先在思维活动中进行模仿练习,形成正确的动作思维,但是,我们需要注意的是,要想贯彻这种思想与概念就要注意以下几点:

(1)直观教学

所谓"百闻不如一见",直观教学是最生动的教学方式。教师要注意在进行直观教学时要正确准确地进行示范,这是学生获得课堂动作的重要途径。在教学过程中采用直观教学法具有十分重要的意义与作用。除了教师进行演示之外还可以通过图片与录像对其进行演示,但是需要注意的是,运用这一方法时要有选择的进行使用,让学生有带有目标与目的地进行观察与学习。

(2)讲解生动

教师对学生进行生动形象的讲解可以加深学生对知识的理解,健美操的教学也是如此。如果老师只是单纯的对健美操进行直白的讲解,都不能加深学生对健美操的学习与理解,因此,在学习健美操这项运动时教师除了演示一些基本动作之外,还要对动作进行生动形象、简明地讲解与提示,从而让学生更加容易的理解与掌握健美操的动作。

(3)讲解动作

在教学过程中,教师对动作进行演示的同时,还要对动作进行详细的讲解可以让学生建立动作结构的表象与概念。但是需要注意的是,建立表象与概念之后还需要学生加强练习,对动作进行反复的练习,逐渐对动作形成肌肉记忆,从而在学习健美操的时候可以更好地掌握动作要领。

(4)激发创新

在教学过程中,教师还要注意激发学生创新与独立思维。通过观察我们发现,学生对理论的学习总是只知其一不知其二,这样不会让学生更好地掌握其理论知识与技术动作,所以教师在教学过程中就要善于激发学生的创新能力,在学习技术动作与理论时能够进行创新的学习,做到通过学习一个知识,从而学会更多地知识与技术。

(三)循序渐进原则

在教学中坚持循序渐进的原则就是根据教学内容、教学对象,对教学方法进行一个科学与系统性的设计,让学生在学习时不会感到十分的吃力或者没有进步。循序渐进原则是以体育的理论基础为指导的,因此,在进行健美操教学中我们要坚持循序渐进的原则,但是遵循这项原则我们要注意以下四个方面的内容:

(1)教材安排应由易到难、由简到繁

安排各类动作练习时,应前后衔接,承前启后,逐步提高,在学习掌握一个动作后就要发展、变化、加难。同时,也要考虑各类动作之间的横向联系,先学习的内容为后学内容的基础，不断地扩大教学内容的深度和广度，并考虑各类动作之间的互相促进、动作技能的转移和身体素质的转移等因素，使教学内容具有系统性、科学性、渐进性。

（2）教学步骤由易到难

循序渐进原则就是先对简单的教学内容进行教学然后再根据学生学习的情况对较难的教学内容进行教学。那么，在健美操的教学方面，具体来说就是先对基础动作进行教学与练习，然后再逐渐过渡到成套的动作，先对节奏慢的动作进行练习然后再对节奏快的进行练习。

（3）运动量安排应由小到大

练习量必须根据学生的素质水平、技术水平及接受能力等实际情况安排，不能操之过急，违背循序渐进的原则。

（4）能力培养应循序渐进

学生在学习和掌握动作技术、技能的同时，各种能力也应逐步得到相应发展。如单个动作的教学能力、记写成套操动作的能力、创编成套操动作的能力、组织竞赛与裁判工作的能力、全课的教学组织能力等均应有计划地安排在教学的各个学期。

（四）身体全面发展原则

从生物学的角度来看，人身体的各个部位与器官等都是彼此之间相互联系、相互影响的，然而，健美操就是一项全面提高人体素质的运动，还是一项自然、优美的运动，所以在进行健美操教学时，教师要重视与坚持身体全面发展的原则，我们应注意以下三个方面的内容：

在制定教学计划时，应注意各类动作的搭配，使学生身体得到全面发展。在安排每次教学课的内容时，应注意在动作的性质、形式、运动量及素质等方面的合理性，使身体各部位及各种素质都能得到全面锻炼。考核项目和内容的确定，要考虑全面发展身体的因素，使学生通过考核也能获得身体机能的全面锻炼。

（五）巩固和提高相结合原则

通过对运动技能的习得与人类认识规律这几个方面进行研究与探索，在进行健美操教学时我们要坚持巩固与提高结合的原则，对知识学习结束后，我们不能认为这一学习任务就算结束了，而是还要注意对知识的巩固这一重要环节，因为只有对知识进行巩固才有助于我们在遇到问题时更好更快速地调出脑海中的储备，从而解决问题。除此之外，对知识不断地进行巩固还可以让学生对知识有更深层次的理解。

由上述我们就可以了解到，巩固与提高原则是教学过程中一个十分重要的原则，因此在健美操的教学中，我们也要坚持巩固与提高相结合的原则，那么在健美操的教学中，我们坚持巩固与提高的原则还要注意以下几点：

（1）保障学生在课堂上有足够的时间进行练习

只有多次重复练习学生才可以在大脑皮层上建立动作定型，进而就可以在下意识做出动作。除此之外，教师还需要对动作要领进行规范教学，让学生对动作进行正确的学习。因为只有在动作正确的基础上才可以再进行重复多次的练习，要不就会让学生形成错误的肌肉记忆，从而难以改正，影响健美操的教学效果。

（2）反复练习不能长时间地停留在原有的动作和一个水平

在复习巩固已掌握技术动作时，可采取动作连贯的方法，从而使已获得的运动技能逐渐得以提高，运用自如。如在已学动作的基础上编排各种组合或将成套操进行练习，改变动作速度、节奏和力度进行练习等。

（3）用评分来衡量动作质量效果

为此，对已掌握的动作，要不断地提高质量要求，如加大动作幅度，提高动作的表现力等。并应指导学生按照音乐的性质、风格，独立编排成套操，在实践运用中达到巩固、提高的目的。

（4）对身体素质的训练程度要不断地巩固和提高

这是保持良好的机能状态、进一步提高运动技术水平的基础。

（5）教学方式应多种多样

具体来说，可以运用表演测验等形式，来对健美操动作的熟练度进行训练与巩固。丰富多彩的健美操教学方式可以激发学生学习的积极性，从而提高健美操教学的效果与质量。因此，进行健美操教学时选择一个合适、科学的教学方式对教学效果的提高具有十分重要的意义。

二、大学生健美操的教学方法

在进行教学时，我们要注意不同的科目拥有不同的教学方法，所以在制定教学方法时我们要认真了解与学习教学要求，深入探索与了解学生的心理与发展状况，从而设计出科学的教学方法与教学设计，进而更有针对性的对学生进行教学。具体来说，健美操的教学方法有很多，比如，领带法、衔接法、交替法等。下面对以下七种方法进行详细阐述：

（一）领带法

领带法就是领着学生对动作进行学习，具体来说，就是教师在课程开始的前一段时间对之前的动作进行复习或者进行热身运动。我们发现一些简单的动作教师在前面进行带领的时候学生可以跟上教师的节奏，从而达到练习的效果。但是对于有些复杂的动作，教师对其进行带领，学生就容易出现顾得了这个动作，顾不了那个动作的状况，因此在这时教师就可以适当的改变一下带领的方法从而进一步的教会学生对健美操的掌握。

带领学生对动作进行学习，可以让学生看到正确的健美操动作，从而有助于学生形成正确的健美操动作的整体概念，进而促进学生健美操的整体学习。但是凡事都要按一分为二的方式进行思考，领带法也有一定的不足，具体来说，就是这样的教学方式忽略了学生的自主性，让学生始终处于被动学习的状态，从而让学习氛围不是很生动有趣。因此，教师在采用此种方法时要注意以下三个方面：一是教师在带领过程中要注意方式与方法，要注意避免采用面向学生带领的方法，而是应该多采用背向学生进行教学的方法，这样学生在进行学习的时候就可以直接跟着教师进行练习，而不用再思考方向的问题，从而让学生更快的建立肌肉记忆，进而提高教学质量与教学效果。二是除了教师进行带领外还可以让一些对健美操学习优异的学生在前面对学生进行带领，这样不仅可以激发其他学生学习的积极性而且还可以让教师有更多的时间和精力去纠正学生的错误与不足，从而进一步提高学生健美操的动作水平。三是在带领学生学习健美操的动作时，一定要注意动作的准确性，避免学生学习错误的动作，与此同时，教师还要要求学生各个感官协调配合，全面地对健美操进行学习。

（二）衔接法

健美操是由很多个节和段连接而成的，具有节数多、节拍多、变化多的特点，很多学生总是在一些中间的环节忘记下一步应该做什么，所以将节与段进行顺畅的衔接也是健美操学习的一项难点。在进行健美操教学时我们可以专门采用衔接法对学生中间总是忘掉的环节进行专项练习，从而使学生能够更加完整的完成整套的健美操动作。但是在使用这种方法时我们应该注意以下几点：一是我们需要注意每个成套的健美操都是由单节的健美操组合而成的。二是要注意多对前面学习的动作进行复习，具体来说，就是教师进行新的授课之前可以将前面的动作与新的动作连接起来进行教学。同时还可以多重复几遍，由此可以让学生更加熟练地掌握健美操的动作。三是在教学的初期或者是对于刚刚接触的同学，教师可以通过动作带领学生进行健美操动作的学习，当学生对动作熟悉之后可以逐渐将教学从动作逐渐转移到口令与语言等方面，来提示学生完成动作，并最终可以在音乐伴奏的配合下完成动作。四是衔接法的教学，不只是单纯的对段与段动作之间的衔接，同时包括动作与音乐之间的配合，具体方法就是教师在教授完学生基本动作之后可以让学生分段在音乐的配合下再对动作进行练习，让学生适应音乐，了解音乐的节奏，最后逐渐将分段的音乐进行组合，最终学会完整成套的健美操，形成完美的教学效果。

（三）交替法

对健美操进行教学我们可以发现，交替法也是一个可以产生重要作用的教学方法，具体来说，就是在教学时可以将学生分成两个以上的小组进行教学，这样每个同学在学习时就不会有很大的压力，同时其他小组进行训练的时候自己就可以对其他的小组进行观察，提出修改意见，由此更加有利于学习的积极性与学生对健美操学习的参与度。进而培养学生运动意识以及关心他人的心灵美。但是在运用这项方法时，我们应该注意以下四个方面：一是在进行分组的时候应该根据学生的具体情况，将所有的成员分成最少两个组最多四个组，一般情况下应该先让所有的成员进行集体的练习，然后在各个小组之间进行交替的练习。二是在小组交替训练的时候，应该对学生进行有组织的管理，让他们在别的小组进行训练的时候对其他小组进行仔细地观察与分析，从而可以有效地管理好课堂秩序，与此同时可以提高学生的分析能力与观察能力，进而让学生在学习健美操时可以得到全面的发展与提高。三是要进行科学的分组，其中一个最为有效的分组方式就是进行单数与双数之间的分组，这样不仅可以让两组之间进行更有针对性的训练与交流，而且可以根据队形进行交替的练习，由此更加有利于学生熟悉动作以及提高自己的自我表现能力。四是运用交替教学法时，应该有计划有目的地进行使用。一般情况下是在学生已经学会成套的动作之后，但是还没有完全熟悉的情况下，教师让学生进行重复与巩固的时候运用。除此之外，还有在学生的动作出现错误的时候让学生对其进行重复的训练时采用。

（四）念动练习法

除了以上方法外，念动练习也是一项十分重要的教学方法，具体来说，就是学生将动作有意识、系统地在脑海中形成体系，然后在脑海中对动作进行重复与练习，从而让做动作时相应的部位产生肌肉活动，这样十分有利于对动作记忆的加深，进而形成正确的肌肉记忆。

通过对健美操的教学进行观察，我们发现有些学生感觉没有费很大的力气就掌握甚至熟练掌握健美操的所有动作，那是因为这些学生在学习的时候十分专注，老师在进行讲解与教学的时候他们总是十分认真的听讲甚至有时还会跟着老师运动起来。除上课之外，这些学生还会在休息的时候对动作进行思考，这些动作在学生的脑海中形成十分深刻的记忆，距离快速掌握健美操的所有动作已经相当接近。但是我们在运用这项方法时要注意以下三点：一是要注意将脑海中的练习与身体的实践经验结合起来,避免出现那种只在脑海中进行练习,不对身体进行训练的现象,只有将二者结合起来才可以更加有效地提高教学的效果与教学质量。二是在脑海中对动作进行回想的方法有利于学生更好的思考各个动作之间的联系,从而有利于提高学生动作的协调性,加快对整体健美操动作掌握的速度。三是由于念动练习是在脑海中的训练,可以减少身体上的运动,这种训练方法利于那些身体素质相对较差的学生用来学习,这种通过想象的方式,可以减少外界的一些压力,从而让学生可以快速地掌握健美操的技能。

(五)示范讲解法

示范与讲解一直以来都是最普遍的教学方法,几乎适用于所有的教学,而且也是一项十分重要十分有效的教学方法。具体来说,示范就是对学生将要学习的动作进行演示,演示一定要正确优美的完成,从而让学生体会与了解到完美的健美操这项运动,从而激发学生学习的兴趣。对动作进行讲解就是教师要采用生动的语言,向学生讲解动作的要点与技巧,同时,教师在进行讲解的时候可以对学生说一些口令与指示,从而让学生建立口令指示的习惯。

采用示范与讲解这个方法时,我们要注意以下三个方面:

第一,教师在进行示范时要注意与保证示范动作的优美与准确性,并且在示范时一定在比较显眼的地方,这样有助于学生更好的观看到动作的要点与技巧,进而激发学生对健美操学习的兴趣。

第二,进行示范时,我们要根据动作来决定,其目的就是为了让学生更清楚地看到动作的要点。具体来说,当动作是按照人体的前后进行示范时,我们可以面朝学生或者背朝学生进行演示,但是对于其他的动作我们可以根据实际情况进行调整。

第三,除了演示对教学的影响外,我们还有健美操动作的讲解,我们需要注意的是健美操的讲解一定要使用简洁与明了的词汇对动作进行讲解。除了对动作进行讲解之外,我们还可以通过语言对动作进行提示,从而可以更好更快地掌握健美操。

（六）完整法与分解法

完整法顾名思义就是在进行教学时尽量不破坏教学内容的完整性，在进行健美操教学中我们运用这种方法，要对完整的一节与完整的一套动作进行教学。由于没有破坏整套健美操动作，所以可以有效地让学生快速地掌握整套的健美操动作。但是我们还要注意的一点是，健美操动作有时过于繁琐，所以学生会在中间环节忘记一个动作，因此，对于初学者来说还是有一定难度的。分解法与完整法相反，完整法是将健美操动作保持完整性，不对动作进行拆分，而分解法就是将复杂的动作进行分解，然后进行分解的教学，从而可以让学生比较容易的学会动作，但是将动作进行分解的目的就是要将动作进行整体的结合。因为将动作进行拆分更有利于找出这套动作的重点与难点，从而将一些不容易进行学习的动作逐一解决，让学生更加快速完整的掌握整体的健美操动作。

在运用完整法与分解法的方式时，我们还应该注意以下两个方面的内容：根据不同的教学内容我们应该进行不同的方式，所以对于那些比较简单的健美操我们可以采用完整教学法对学生进行教学；对于较为复杂的教学内容，教师就可以采用分解法，根据学生的学习情况对教学内容进行分解，从而让学生可以在熟悉动作之后，更加容易的掌握健美操的完整动作。

（七）学导式教学法

健美操作为高校一项教学内容，有利于在教学过程中培养学生的综合素质。因此，要想在高校促进对学生全面发展的作用，就必须要提高健美操的教学对人才培养的作用。许多专家与学者在实践与理论方面进行研究与探索发现以下三个方面的内容：

第一个方面，当前高校对健美操的教学存在对知识传授重视，对能力培养轻视的现象；第二个方面，健美操的教学总是采用传统的注入教学法，对学生的创新能力培养不足；第三个方面，就是对健美操的教学评价方式过于单一，从而让现实中的一些问题没有得到根本的解决。除此之外，没有进行因材施教，这就导致每个学生的学习效果不好，阻碍健美操项目进步与发展。如何在进行健美操教学时就能提高学生的整体的综合素质，是现在面临的比较迫切的问题。

要想解决以上问题，我们必须要坚持以学生为中心的学导式的教学方法。具体来说，学导式的教学方法就是教师积极探究学生的学习状况、心理状况等，再具有针对性的对学生进行教学引导，从而让不同的学生都得到很好的学习效果。由此我们可知恰当地使用学导式的教学方式有利于学生学习能力的提高与形成。

学导式教学的过程主要是"自学—解疑—精讲—演练"，根据健美操的教学方式我们可以把学导式教学分为五个主要环节：

第一个环节就是学生自学阶段，具体来说就是在教师讲课之前，教师应该根据教学的内容进行问题设计，然后对这些问题提出具体的要求，让学生对所要学习的内容有一个初步的认识与理解。

第二个环节是师生交流阶段，教师在进行基础教学时，应该对学生的学习情况进行观察，积极地获取学生的学习情况，然后教师针对这些信息对自己的教学设计进行调整与改进，更有主次的对学生进行教学，让教学效率得到提高。

第三个环节是教师精讲阶段，具体来说，就是教师对教学的重点与难点进行把握与提炼，然后对教学内容进行仔细的讲解，从而让学生对健美操拥有更深层次的理解。

第四个环节就是学生的演练阶段，换句话说就是学生对所学的知识进行实践，具体来说，就是教师对学生的实践结果进行纠错与指导，从而形成正确的健美操动作。除此之外，教师还可以根据学生的情况对学生进行适当点拨，使其触类旁通，形成创造性思维。

第五个环节就是评价总结阶段，具体来说，就是学生之间进行评价、教师对学生进行评价，除此之外，教师还要对本次课学习的知识进行系统化与条理化的总结，然后对学生布置本次课程的课后作业，并对学生提出下一次课的要求。

不管哪种课程都是通过教学来实现的，教学是课程的核心。具体来说，只有教师把课程计划呈现在自己的教学计划与教学设计中才算课程得到了真正的实施。但是教师在进行教学的过程当中一定要注意，教学策略与教学方法一定要结合教学实际，随时的进行调整，这样才会让教学效果达到预定的目标。我们发现学导式的教学方式可以有效弥补传统教育方式的弊端，应将学生放在了主导地位，不断探索学生的实际与需求然后结合健美操课程的实际，从而让健美操的教学效果变得越来越好。但是为了保持学导式的教学方式可以发挥出更好的教学效果我们需要注意以下几点：

第一，学生学习的动机可以影响学生的学习效果，所以在进行健美操的教学时，教师要会学激发学生学习的积极性，让他们拥有学习的动力，提高自主学习的能力。那么如何在健美操的教学中激发学生自主学习的积极性呢？具体来说，我们可以不断地为学生创造一个有趣的、有创造性、能够激发学生的教学情境，比如，运用多媒体进行教学或者学生之间进行互教等。这些都可以对学生产生十分深刻的印象，促进学生主体性的发挥，从而激发学生学习健美操的积极性与自主性还有自主学习的能力。

第二，在教学过程中，教师要进行充分的教学设计，因为学导式的教学方式的目标就是教会学生如何学习，如何自主学习。所以在进行健美操教学时，我们可以在教授健美操技巧的时候，同时教授学生基本知识与科学原理，有计划、有步骤的按照学生的需要为学生创造实践的机会，从而让学生在学会技能的同时还能学会如何学习即自主学习的能力。

第三，教学氛围可以对学生学习的情绪造成影响，进而影响教学效果，因此，不管在进行何种教学时我们都应该营造一个良好的教学氛围。健美操的教学经常是连续不断地进行训练，学生容易在学习过程中产生疲劳感，产生消极的情绪，从而影响教学的效果，因此，在进行健美操教学时我们可以在授课时融入一些感情色彩，采用丰富多彩的教学方法，多与学生进行沟通与交流，及时对学生做出评价与鼓励，从而创造出一个和谐的教学环境与教学氛围，保障在健美操的教学过程取得良好的教学效果。

第四，良好的成功体验可以增加学生的自信心，可以鼓励他们进行新的探索与创新。但是需要注意的是学导式的教学方式强调的重点在体验上，因为只有真正地感受到成功后才可以形成真正的自信，进而激发创新精神。我们发现健美操直接进行整体的学习是十分困难的，不利于学生建立自信心，所以我们可以采取由易到难逐渐递加的方式对学生进行健美操的教学，让学生体会成功的感觉，树立自信心。

第五，学导式的教学方式就是要指导学生学会学习。随着时代的进步与发展，人们的自主学习能力在人的发展过程中发挥着越来越重要的作用，所以只是单纯地靠已经学会的知识支撑未来的发展是远远不够的，因此，高校在进行教学的中一定要注重对学生自主学习能力的培养与提高，从而在这社会大发展的时代，我们不被淘汰。在健美操的教学中，我们发现健美操有变化多样与节奏鲜明的特点，所以要想真正的掌握健美操技巧对学生学习能力的要求很高，因此，在健美操的教学中，对学生能力的培养显得十分重要。由此在进行学导式的教学方式的过程中培养学生的学习能力是一个十分重要的内容。因此，教师在进行健美操的教学时要注意学习的策略要根据学生的实际情况进行制定；要鼓励学生在不同的情境中使用不同的方法与策略。

三、大学生健美操的教学过程

课堂教学是大学生健美操教学的基本组织形式。每个单位按照年级班来划分，在进行教学活动时，根据教学计划、目标、大纲和教材来实施。

（一）课程结构

每节课由课程进行中的顺序和时间的分配共同构成了课的结构。那么一节健美操课的构成部分都是哪些呢？每个部分都需要学习什么内容呢？每个部分又是怎样的学习顺序呢？组织教法、场地、用具以及时间分配又是如何安排的呢？这些问题都会从课程结构中加以说明。一般情况，健美操的课程结构会分为三个部分（以90或100分钟的课为例）。

准备部分：这一部分是每堂健美操课所必需的，通常会占用15分钟左右的时间。这一部分的任务是将学生组织起来，让学生明白本课的教学任务与要求，将学生的注意力吸引到课堂教学中来，并做好身体器官各系统机能的热身，使其迅速进入兴奋状态，做好充分的心理和身体准备，以应对接下来基本部分的学习。一般性的准备和专门性的准备共同组成了准备部分的内容。准备活动的安排要符合课程主要任务的部署，集体形式是准备部分通常采用的组织的方法。

基本部分：这一部分承载了每堂健美操课的主要内容，是课程最核心的部分，这部分通常会占据全课 70% 左右的时间。基本部分承担的任务是按照本次授课所要完成的教学目标来制定的，以达成帮助学生对健美操的基本知识和技能进行掌握和提高，让学生的应用能力得到锻炼。基本部分的授课要配合教材进行合理地安排，对教学活动更要进行有力的组织。要根据学生的水平来设计动作难度、选定练习的内容，并且要对练习的难度做好掌控，做好新老动作的结合。教学中主要任务是，传授健美知识，帮助学生掌握、提高健美技术。教学的主要目的是对学生创新、解难和沟通等能力进行着重培养。

结束部分：这一部分在健美操课上，也是非常重要的一部分，大约会用时 10 分钟左右。结束部分的主要任务是为了让教学工作更有组织的结束，使学生从兴奋、激动的情绪逐渐恢复到相对平静的状态。我们可以在结束后播放一些优美的音乐，在美好的气氛中，让学生作一些使身心得到放松的活动或者小游戏，例如，拉伸练习或欢快的集体舞、游戏等。这样身体的紧张状态能够快速消除，学生对下次上课进一步学习的欲望和信心将会被充分激发出来。最后，下课前要对学生课上的表现进行小结和讲评，可以采取下面两种方式进行：一种是由教师做出总结评价；另一种是师生共同评价总结。总结时要注意不要长篇大论，而是要有针对性，除此之外，还要依靠表扬教育。

在实际的健美操的授课上，上面叙述的三个课程构成并不是机械地运用在课程教学中，这三个部分的使用没有固定的模式。但总体来说，不管是运用何种授课方式，最终都是将健身功能、教育功能及体育锻炼的终身性问题统一起来，以完成教学目标。在授课时，教师应当避免满堂灌的授课方式。增强课程的趣味性，采用启发式、兴趣式的教学手法，充分发挥学生的主体作用，调动学生学习的主动性、积极性，从而实现自我教育、自我发展的目的。

（二）授课形式

全班上课、小组教学和个别指导组成了班级授课的三种具体形式。

全班上课：这一授课形式的特点是全班学生在上课时，要按照任课教师安排的课程进度表来进行，并完成相应的学习任务。教师通常会采用系统讲授的方法，对学生进行知识的传授。在课堂上，学生可以与教师、同学充分地交流和互动。教师对学生的教育也应多以正面教育为主，给予学生更多的爱心和耐心，让学生感受到教师的亲切感。同时，对课程内容，教师也要做到精心设计，内容、时间、空间及人数等因素做到合理的安排。在课堂中，教师也要以更多的幽默感，营造轻松和快乐的学习氛围，将学生的创造力和学习积极性充分地调动起来，并根据学生的反馈让自己的情感、态度和行为对学生产生直接影响。

班内小组教学：在上课期间划分临时性的小组来开展学习活动，这是班内小组教学的特点。这种授课形式是学生的"学"作为教学的重点，将学生学习的主动性、积极性和创新的能力充分调动起来。学生的结组形式可以是自由组合，也可以听从教师的统筹，但一般一组的成员大约是2—8人。如果是教师安排学习小组的划分，应尽量安排程度不同的几个人在一组。以促成他们彼此的交流合作、共同成长。教师也要在各小组自学时进行观察指导，对于各小组在学习中遇到的难题，教师要在巡视的过程中进行协助。在结束小组学习环节时，要求学生对自己的学习情况进行总结，调动学生的表现欲，以此激发学生学习的兴趣。

班内个别教学：此项授课形式是针对班上学习能力较差或者学习速度快的学生，帮助每个学生都能满足自身的学习需求，充分调动学生的学习积极性，使教学活动的成果惠及每一名学生。教师的主要任务是对学生的自学能力和独立思考能力进行训练和指导。在健美课上，学生使用的健美操教材或教学参考书等学习资料都是经过专门编制的。学生对于健美操的学习，应当是由单个动作练习到组合动作练习再到成套动作，这样一个循序渐进的过程。

不同年龄、性别的人都可以成为健美操的教学对象，而这些人因体质不同，其体能情况差异也很大，所以导致了技术的参差不齐，所以采取多样化的教学形式，是很有必要的。让健美操教学达成悦（愉快、轻松、主动）—新（有心意、有创意）—恒（经常地、持久地锻炼）。

（三）学习过程

学生学习健美操是一个非常复杂的过程。对于健美操的学习，与其他的体育项目的学习相同与差异都存在。

兴趣形成阶段：一个人知识的深度和广度会影响个人兴趣的形成，而作为重要信息源的教材内容，它的丰富程度对于激发学生的兴趣有着重要的作用。德国教育家第斯多惠说过："教学艺术的本质不在于传授本领，而在于激励、唤醒、鼓舞。"我们的体育教学应当在原有教学手段的基础上追求教学手段和教学方法的创新突破。比如，可以利用幻灯片、录像等多媒体电子教学手段，激发学生的学习兴趣。体育文化环境的改善有利于学生加深了解健美操知识（概念、特点和健身价值等），从而让学生的求知欲望和运动兴趣被充分激发。学习的初始动机是兴趣。常言道，兴趣是最好的老师。能够让学生的创造性得到充分激发的直接动力就是兴趣。只有当学生对教学内容产生兴趣，才能在课程学习的过程中充分调动学习的自主性、积极性，作为实现终身体育目标的基础。

学习掌握阶段：良好技术动作是健美操运动建立的基础，只有让技术动作变得正确，才能让健美操拥有生命力。正因如此，技术学习的过程是十分必要的。学生的水平也影响着教学内容的安排。基本技术，简单、重复较多、速度较慢及以低冲击力动作是初级班教学的主要内容。变化较多、音乐速度较快以及高低冲击力组合的混合动作，是中级班教学的主要内容，这些教学内容的设计都要遵循基本技术和动作的规律。变化较复杂、音乐速度较快，并带有一定难度的成套组合动作和高低冲击力混合或高冲击力动作，是高级班的主要教学内容。

在面对这个过程时，要防止极端问题的出现。一个是过于看重技术及技术内容的学习；另一个是忽视技术方面的学习，甚至不进行技术的学习。所有的体育运动，都会有技术问题的存在，然而区别就在学习的过程中，学生怎样从老师的范例动作中掌握技巧，怎样从标准的动作中更好地反省自己的能力，所以只有学生知道了高效准确学习的方法，培养了自己自学的能力，学生的学习才会更加顺利。

创新合作阶段：第一个目标是提高学生收集和处理信息的水平，了解编排健美操动作的过程。在教学的过程中，教师要重视对学生获取信息能力的培养，学生可以在学习之后通过电视、互联网和光盘获取健美操的各种学习的信息；第二个目标是培养学生编排动作的能力。在学生已经学过的基本动作知识库中，他们可以利用从不同组合动作中收集到的动作结合起来，利用综合的效果，更好地完成动作的编排，让学生真正地感受到人际交往在动作编排中发挥的作用，提高练习运动技能的成就感。

展示评价阶段：为学生提供自我发展的机会和舞台，鼓励学生发展自己的优势、人格和自我表达水平。学生们发展了他们创造动作的能力，在这个过程中也可以对自己编排的动作进行评价和审视。在自我评价的过程中，学生将在课堂上学习到的理论知识与实践相结合，在实践中发展对理论知识的深入了解，同时找到并分析自己在学习中存在的缺点，参考别人的意见，然后进行修改和改进的过程。在参考教师评估的同时，还应该强调自我评估和同行评估的重要性。应该多使用激励性的评估方式，主要侧重于学习态度、进步空间和实际技能的提升等。

健美操的学习主要以教师的讲授为主导，学生要经历一个身心共同发展的过程，积极地、独立地、创造性地获得知识和技能的提升，发展健康的身体和心灵。学习过程中，学生要学会将各个阶段的知识组合在一起，让学习系统的组成部分都能紧密地联系在一起。

在实际的教学过程中，体育学习过程中各主体之间的对话、合作和互动形成了师生之间的自然关系。在学习中必须实现教师和学生之间积极、有效、高水平的互动，只有这样才能使体育的教学活动真正的具有活力和创新性，才能实现提高学生身心发展水平的目标。

第三章　大学生健美操教学实践

健美操的内容丰富，形式多样，对于健美操运动爱好者而言，可以结合自己的喜好和特点自由选择各种形式的健美操，来增强自身身体素质，提高运动技能。本章的内容为大学生健美操教学实践，从健身健美操运动技能分析与教学、竞技健美操运动技能分析与教学、时尚健美操运动技能分析与教学及轻器械健美操运动技能分析与教学这四方面展开论述。

第一节　健身健美操运动技能分析与教学

一、健身健美操运动基本动作

（一）手型动作

在所有形体动作中，舞蹈动作的种类和躯体造型比较丰富。为了吸取舞蹈动作的精华，健身健美操运动技能中的手型大多借鉴了舞蹈动作的手型，形成非常优美的健身健美操基本手型动作。如保持手腕绷紧状态下，五指并拢伸直或用力分开成的合掌与分掌，以及手掌用力上翘时，五指自然弯曲后形成的推掌；在无名指和小指弯曲互握的状态下，拇指与食指打响并与中指摩擦形成的响指；五指弯曲紧握，大拇指压在食指弯曲部位形成的拳；五指稍微前屈，中指、无名指和小指并拢后稍往内收，拇指向里弯曲形成的芭蕾舞手势；五指用力，中指、无名指、小指自掌指关节处依次弯曲，拇指稍微向内弯曲形成西班牙舞手。

（二）上肢动作

第一，举。运动者自然站立，两脚分开与肩同宽，以肩关节为中心，手臂进行上下前后左右的有力摆动。第二，屈伸。两脚分开自然站立，伴随胸部、肩部、头部的运动，肘关节在弯曲与伸直之间交替变换。此处需要注意的是：身体在做屈伸运动时，手臂关节的动作要轻盈富有弹性。第三，绕和绕环。双脚开立与胯同宽，臂膀以肩为轴做前后左右内外的弧线环绕，手臂在空中摇摆时的路线要清晰，要明确手臂动作起始与结束的位置。

（三）躯干动作

第一，胸部动作。主要包括移胸、含胸和挺胸。在髋部位置固定的情况下，腰腹带动胸部大幅度地左右移动，就是移胸；呼气时，身体在自由放松的状态下，低头、弓背、收腹、收肩的胸部动作，就是含胸；吸气时，身体在适度紧张的状态下，抬头、展肩、提臀的胸部动作，就是挺胸。第二，腰部动作。主要包括屈伸、转动和环绕。两脚自然开立，匀速缓慢地伸展腰部，使腰部向前后左右做拉伸运动，就是腰部的屈伸动作；双脚开立与胯同宽，保持身体的适度紧张，在迈步移动重心的同时，由腰部带动身体沿着垂直于地面的轴线左右灵活转动，就是转腰动作；两脚分开自然站立，结合手臂动作，使腰部按照清晰的路线做圆滑的弧线或圆周运动，就是腰部的环绕动作。第三，胯部动作。主要包括顶胯、提胯和环绕：两脚分开与肩同宽，保持上体正直，双手叉腰，一腿伸直起支撑作用，另一腿屈膝形成内扣姿态，用力且有节奏地将髋部朝左右前后顶出，就是顶胯；双脚开立与胯同宽，在半握拳的状态下，自然弯曲手臂，同时与腿部协调将胯部向左上、右上提，就是提胯；两脚分开自然站立，双手叉腰，胯部沿圆滑的弧线轨迹向左右方向做圆周运动，就是胯部的环绕动作。

（四）下肢动作

第一，立。主要包括直立、开立和点立。抬头挺胸双腿自然紧闭、保持身体竖直状态下的站立姿势，就是直立；双脚分开与肩同宽状态下的站立姿势就是开立；保持身体的自然直立状态，单腿点立或双腿提踵立，面向前后左右的舒展站立姿态，就是点立。第二，弓。保持身体的自然直立状态，将腿大步向前迈出大小适中的一步，做出前后左右侧的弓步屈膝动作。第三，踢。两脚分开与肩同宽，双腿轮流做前后左右的踢腿动作，踢腿时动作要快，不能拖泥带水。第四，弹。双脚开立与胯同宽，双腿进行前后左右极富弹性的弹踢动作。第五，跳。两脚分开自然站立，做各种姿势的、有力度又有弹性的腿部练习，如并腿跳、分腿跳、踢腿跳等。

二、健身健美操运动技能教学

（一）健身健美操运动技能形成的教学过程

健美操动作练习有一定的规律，运动者要遵守动作技能的形成原理与规律，只有如此才能保证健美操习练的科学性，提高健美操运动技能水平。

1. 动作的认知阶段分析

在健美操运动练习的过程中，运动者通过内在的思维活动，对健美操动作进行认知的过程主要包括：动机产生、动作感知、技能探索三个环节。首先是运动者学习动机的产生环节，该环节重在激发运动者强烈的求知欲和好奇心；其次是运动者标准动作的感知环节，这个环节需要运动者熟悉教练员示范并讲解的动作，以期为日后的学习奠定扎实的基础；最后是运动者动作技能的探索环节，这个环节要求运动者能够结合动作技能与自身经验，实现所学技能的拓展与延伸。

运动者认知健美操的动作过程，通常是在大脑的指引下，对存在于意识之中的动作进行无意识模仿，是脑部联想思维的内在呈现，没有明显的外在表征运动者在进行健美操习练时一定要认识到这一点。

大学生在健美操动作认知阶段，在习练技术动作的过程中需要注意以下三点要求：

第一，明确健美操动作的作用和意义，充分激发运动员学习的兴趣与动机。

第二，运动者要认真听取教师或教练员的讲解，仔细观察其示范动作，以形成正确的健美操动作表象。

第三，运动者要把感知动作印象与经验联系起来，加深健美操动作的认知程度。

2. 动作的粗略掌握阶段分析

运动者初次学习运动技能时，非常容易受到来自外界刺激。这些刺激会影响运动者大脑皮质间的正常连接，使得运动者的大脑皮质异常兴奋，因而在发出信号时容易出现偏差，造成运动者在学习、练习健美操时，动作僵硬、不连贯，而且经常出错，节奏感差，对周围的练习环境极其敏感，容易被干扰，缺乏专注和定力。粗略掌握健美操动作的运动者，应该从感性上初步形成对健美操动作的认知，根据教师或教练员的示范动作进行模仿练习，能够粗略掌握健美操技术动作。

运动者在健美操动作粗略掌握阶段，需要注意六点要求：

第一，运动者在习练健美操基本动作的过程中，要以模仿练习为主，掌握基本的动作要领，在练习的过程中初步建立肌肉本体感觉的反馈联系。

第二，运动者要遵循循序渐进的原则，由简到繁、由易到难地进行技术动作习练，切忌贪图求快。

第三，注重直观性，应通过正确的示范和形象地讲解帮助建立正确的动作概念。

第四，要突出习练的重点，重点强调重要的技术环节，不要过分追求细节。

第五，教师或教练员要给予运动者一定的鼓励，激发其主动参与健美操习练的积极性。

第六，对于复杂且难度较大的健美操技术动作应采用分解教学法，等熟练掌握各分解动作后再做完整练习。

3. 动作的改进和提高阶段分析

运动者初步掌握健美操的技术动作后，就需要反复练习以改善和提高动作技能，这就是健美操动作改进和提高阶段。在这一阶段中，运动者的健美操技能会逐渐得到改善和提高，大脑皮质可以精准分析来自外界的各种信息，提高动作的准确性和连贯性，避免不必要的冗余动作，保证动作间的协调与配合。通过亲身实践，运动者逐渐明确健美操各项动作的概念和要领，并且可以用语言清楚描述各种运动技术。借助自身反复不断地练习，运动者的动作表达协调性更好，节奏感更强，出错率更低，动作主次分明，准确连贯，动作操练过程不易受环境影响，动作要领已经基本掌握，动作风格已经初步形成。因此，动作的改进和提高阶段对于运动者的健美操技能的掌握而言是极其关键的。

在健美操动作改进和提高阶段，各种健美操技术动作对于运动者而言已不再是新异刺激，大脑皮质不再轻易表现出兴奋或抑制，对时间和空间的把握变得更加精准，对外界刺激的反馈能力增强，可以自主调节运动者的冗余动作和错误动作，修改动作细节，保证健美操动作的熟练流畅和韵律协调。

在健美操动作的改进与提高阶段，运动者应注意六点要求：

第一，在练习健美操各技术动作时，应在完整练习的基础上，辅之以分解练习并提高技术动作的练习难度。

第二，深入理解组成动作的各个环节之间的关系，以感性认识为基础，从理性的角度形成正确的动作认知。

第三，对于已经掌握动作技术要领、形成正确动作认知的运动者，教练员可以不必再进行动作示范，而是用精准的语言指导运动者即可。

第四，增加动作难度，提高动作细分精度。

第五，纠正错误动作，提高动作质量。

第六，模拟比赛现场，培养运动者的抗压能力、应变能力和抗干扰能力。

4. 动作的巩固与应用自如阶段分析

对自身动作进行改进与提高，有利于帮助运动者形成正确的动作。然而，刚形成的动作模式尚不成熟，需要运动者通过反复练习对动作进行巩固，才能实现日后对动作的自由运用。通过日复一日的强化，运动者的大脑皮质更加成熟，能够实现对兴奋的实时调节与抑制，使得运动者的动作更加协调、准确、优美，而且没有细节上的错误。此外，面对环境条件的改变，运动者的动作练习也不再轻易受到影响，部分动作可以无意识地流畅完成，初步实现动作表达的自动化。

在健美操技术动作的巩固与应用自如阶段，运动者在习练的过程中要注意：运动者应逐渐加大运动负荷，在较大生理与心理负荷条件下进行训练，以巩固和提高健美操动作技能。一般来说，技术动作的自动化程度越高，运动技能就越不容易消退。因此，在这一阶段中，运动者要以完整练习为主，反复练习，以此巩固和强化健美操动作技能。运动者在建立了动作自动化之后仍会出现一定的错误动作，由于这些动作是"在低意识控制下"完成的，所以一旦出现错误，是不易被意识到的。若多次重复就会巩固这些错误动作。因此，在动作自动化以后，运动者仍需纠正与检查错误动作。基于所学动作的特点，分析其在运动项目中的地位与作用，了解所学动作的应用环境并在练习时有所侧重。比如，在进行对抗性动作练习时，需要充分考虑动作可能出现的情况以及可能发生的变化，并从整体战略层面考虑动作的调整；对于单一型动作，只需要反复练习提高动作质量即可。运动者要将身体素质练习与健美操技术动作练习结合起来，这样才能促进健美操训练水平的提高。

（二）多类型健身健美操案例分析与教学

健身健美操的类型有很多，下面主要讲解拉丁健美操和水中有氧健身操的技术动作练习方法。

1. 拉丁健美操

拉丁舞健美操是在有氧健身操的动作基础上，结合极具个性的拉丁舞动作，形成新式的健身健美操。与踏板操平稳欢快的伴奏音乐不同，拉丁舞的音乐伴奏更加热烈，也更为奔放。由于拉丁舞对髋部动作的摆动有特殊要求，因而有助于加强人体的腰部锻炼。

（1）拉丁健美操基本步伐

①玛瑞格（merengue）步。拉丁健美操最简单、最基本的步伐是玛瑞格步，类似于健身操中的踏步，玛瑞格步可并腿移动，也可以分腿移动，只要膝关节稍微向里扣并带动同侧身体向另一侧转动，同时摆动肩膀和手臂即可。

②恰恰步。一和二（one and two）是恰恰步的节奏形式，通俗地说是两拍三动。以左侧朝向的恰恰步为例，左腿向左侧迈出一拍后，右腿并步，左腿接着向左再迈出一步。除了可以向左侧移动外，恰恰步也可以向右侧、向前后两侧移动；既可以并步移动，也可以交叉步移动；既可以结合其他步伐一起完成，也可以单独完成。

③曼波（mambo）步。传统健美操中常用的曼波步，节奏均匀，没有切分节拍，可以结合转体动作，向前后左右自由移动。

④桑巴（samba）步。两拍三动是桑巴步的节奏形式，与恰恰步的大拍时间相比，samba 步大拍的持续时间很短，而且伴随动作的完成，节拍需要做短暂停顿。以向左的 samba 步为例，先蹬右腿向左一步，重心左移，同时身体右转；"大"向左腿后点一步，同时左腿微微屈膝抬起，重心移至右腿，然后再把重心移至左腿，左脚原地点地一次，随着身体重心的移动，左右摆动髋部。samba 步伐可以单次使用，也可以连续多次使用。

⑤萨尔萨（salsa）步。One and two and 是 salsa 步的节奏形式，通俗说是两拍四动。以原地 salsa 步为例，首先快速完成三次原地踏步或摆动，在第四次时将任意一侧腿单独踢出去，并稍作停顿。此处需要注意的是，由于需要在两拍的时间内完成四个动作，必须从腿部发力，从而保证身体的摆动速度可以跟上节奏。

（2）拉丁健美操组合动作

①初级拉丁健美操动作组合。第一个八拍：步伐：1—2 拍右侧并步，3—4 拍右侧恰、恰、恰，5—6 拍右腿后伸，7—8 拍左前恰、恰、恰。

手臂：随身体摆动。

手型：五指分开。

面向：1 点。

第二个八拍：步伐：1—2 拍右前恰、恰、恰，3—4 拍左前恰、恰、恰，5—6 拍右脚左前交叉点，7—8 拍左脚右前交叉点。

手臂：1—4 拍随身体摆动，5—8 拍手臂打开与伸腿方向相对。

手型：五指分开。

面向：1—4 拍 1 点，5—6 拍 8 点，7—8 拍 2 点。

第三个八拍：步伐：1—2 拍右左前进两步，3—4 拍恰、恰接后屈左膝，5—6 拍后退左恰、恰、恰，7—8 拍后退右恰、恰、恰。

手臂：随身体摆动。

手型：五指分开。

面向：1点。

第四个八拍：步伐：1—2拍左侧弓步，3—4拍收左腿恰、恰、恰，5—8拍与1—4拍动作相反，5—6拍右侧弓步，7—8拍收右腿恰、恰、恰。

手臂：随身体摆动。

手型：五指分开。

面向：1点。

②中级有氧拉丁操动作组合。第一个八拍：步伐：1—2拍右前摇摆步，3—4拍左前摇摆步，5—6拍踏步3次踢左腿，7—8拍踏步3次踢右腿。

手臂：1—4拍随身体左右摆动，5—8拍双手打开。

手型：五指分开。

面向：1点。

第二个八拍：步伐：1—2拍右腿向左前侧点，3—4拍右腿向右后侧点，5—8拍加快两次前后点。

手臂：双臂打开与腿伸出方向相对。

手型：五指分开。

面向：1、2、5、7拍8点，3、4、6、8拍1点。

第三个八拍：步伐：左腿右前侧漫步，5—6拍漫步右转180°，7—8拍左侧跳步右腿直踢起。

手臂：随身体左右摆动。

手型：五指分开。

面向：1—2拍2点，6拍5点，4、7、8拍1点。

第四个八拍：步伐：1—2拍右腿左前漫步，3—4拍右侧并步，5—6拍右侧并踢左腿，7—8拍后并步。

手臂：自然摆动。

手型：五指分开。

面向：1—2拍8点，5、8拍1点。

2. 水中有氧健身操

在水中进行的有氧健身操，称为水中有氧健身操。由于这种健身操结合了水下动作、游泳动作和舞蹈动作,是一种全新的水中有氧健身项目,因此,也被称为水中健美操。

(1)步伐,包括水中踏步和水中走步

踏步时,不能双脚同时着地,在单脚着地的前提下,将抬起腿的膝关节调至直角,但不能露出水面,同时保持上体正直,落地时先脚尖着地,然后整只脚平稳触地。走步时,步伐要均匀,速度要适中,这样才可以在水中前后左右自由移动。

(2)踢腿,包括前踢腿、后踢腿以及侧踢腿

其中,前踢腿的动作要领是:在双手叉腰单腿站立的情况下,将另一条腿抬起并弯曲,使大腿与上身尽量保持直角,大腿与小腿保持直角,逐渐伸直小腿。抬腿时,绷紧脚和膝盖,保持上身直立,大腿不能露出水面;后踢腿的动作要领是:双手扶住水池的石阶,在单腿站立的情况下,向后抬起另一条腿,保持上身直立姿态,做屈伸练习;侧踢腿的动作要领是:双手扶住水池的石阶,在单腿站立的情况下,向侧方抬起另一条腿,保持上身直立姿态,做屈伸练习。

(3)划水,包括双手划水、前后单手拍水以及体前双手内外拍水

其中,双手划水的动作要领是:两腿分开自然站立,五指并拢前举双臂,由里朝外按照数字8的线路,收紧腰部,向后大幅度匀速划水,动作还原时需要内收两臂,双手合掌前伸;向前单手拍水的动作要领是,两腿分开与肩同宽,轮状转动处于伸直且放松状态下的手臂,双手依次向前拍水;向后单手拍水的动作要领是:两腿分开与肩同宽,轮状转动处于伸直且放松状态下的手臂,双手依次往后拍水;体前双手向内拍水的动作要领是:两腿开立或跪立,与肩同宽,双手放于体前,同时成轮状向内拍水;体前双手向外拍水的动作要领是:两腿开立或跪立,与肩同宽,双手放于体前,同时成轮状向外拍水。

(4)马步转体

双腿开立,屈膝半蹲,两臂侧下举,上体匀速大幅度向左右拧转。

(5)弓步伸展

双腿半蹲,右腿后伸成左弓步,同时两臂摆至前举,还原成半蹲后,换另一侧左右交替重复练习。

（6）屈膝抱腿

右腿屈膝上抬，左腿屈膝半蹲，同时双手抱住右小腿，还原成直立状态时，打开双臂成侧平举，双腿交替练习。

（7）开立侧屈

双腿开立宽于两肩，一手叉腰，另一手掌心向内侧摆动，带动上体做侧屈动作，进行左右交替练习。

（8）前屈后伸

双腿自然开立，两臂由下向前带动头部抬至整个上体接触水面，还原后，再由手臂向后带动上体后屈至最大幅度并还原。重复练习，可以充分伸展腰部和背部。

（9）髋部旋转

双腿开立，两手手指向下扶住髋部，依次用力推动骨盆，沿顺时针方向旋转，左右交替练习。

（三）健身健美操运动教学的设计与评价

1. 健身健美操运动教学的设计理念

（1）坚持以学生为中心

在健美操运动教学中，教学的对象是学生，因此，健美操教学的设计应以学生为出发点，设计的教学方案要有利于学生的学习。实现每位学生的全面发展，应该成为教学方案设计的核心理念。教学设计要依照学生的体能特征细致展开，充分挖掘学生的运动潜力，激发学生健美操学习的积极性和主动性，突出个体差异，因材施教。

（2）运用系统方法进行设计

设计健美操教学方案时，要有全局眼光和整体思路，能够从整体环境以及整体与部分的联系和制约关系出发，实现问题解决方案和健美操整体教学效果的优化，从而促进健美操教学水平的全面提升。在具体设计的过程中，要对健美操教学资源进行系统分析，运用系统方法制订一个详细的设计方案。

（3）注重整体的发展

在健美操教学中，技术动作教学是非常重要的环节，如果没有这一环节，健美操教学就失去了存在的意义。但是，正如现代体育教学理论所认为的，体育教学活动的目标应该是多元的，不能只关注学生体育技能的学习和掌握情况。因此，健美操的教学设计环节，必须要注重学生的整体发展状况，既要教会学生掌握有效的学习技能，又要帮助学生通过课堂上的学习与交流活动，深刻理解集体与个人的关系，树立正确的社会角色，实现个人价值，为社会多做贡献。

（4）突出教学的确定性与不确定性

在健美操教学中，学生身心发展、运动技能的掌握等都有一定的特点和规律，这是健美操教学活动的确定性。根据健美操教学这一特点和规律，健美操教学设计首先应从教学规律出发，应用系统设计的方法，在客观地分析体育教学规律和特点的基础上，来设计新的教学工作程序和环节，在具体的设计过程中，要保证教学的针对性，缩短教学时间，提高教学效率，使设计出的教学方案适合学生学习，学生之间存在着一定的差异性，这一特性是客观存在的，除此之外，教学环境也具有很大的差异性，这就是健美操教学的不确定性。面对这种不确定性，在进行健美操教学设计时，不一定面面俱到，只需要保证课堂教学按照计划进行，同时排除各种特殊情况的发生即可。

2. 健身健美操运动教学评价

（1）健美操教学评价的具体内容

①知识与技能评价。健美操与健康知识以及健美操专项技能的掌握与运用情况是健美操知识与技能评价的主要内容。此处需要注意的是，不同学校所选的健美操教学内容有所差别，健美操教学课的运动技能评价也迥然相异。

②学习态度评价。学生学习的态度评价主要包括：学生的出勤情况与学习表现，学生参与健美操运动的意识和行为表现。

③体能评价。在学生体能评价的过程中，要根据不同学生的体能发展内容与目标，充分考虑学生各方面的差异，让学生来自由选择体能测试项目。

④情感表现与合作精神评价。在健美操教学中，学生的情感主要表现为：能否敢于克服各种困难和挫折，积极主动地参与健美操学习；能否战胜胆怯、自

卑，充满自信地参加各种各样的健美操活动；能否理解和尊重他人，并在健美操学习过程中，增强自身的人际交往能力；能否善于运用健美操调节自身的情绪等。在健美操教学中，学生的合作精神主要表现为：能够坚持健美操学习，为自身的学习行为负责；能够尊重裁判，遵守规则，注重集体主义精神。

（2）健美操教学评价的实施

①通过定性与定量相结合的客观评价方法，评价学生的学习情况，衡量学生的整体健康状况。其中，定性评价主要针对学生在健美操学习过程中，所表现出来的态度、情感与行为做出等级评估；定量评价主要借助学生体能和运动技能等指标的测验情况，对学生的运动能力给出分数评定。

在进行具体评价时，应该使用定性评价与定量评价相结合的方法，绝对性评价与相对性评价综合使用的方法，还要将终结性评价与过程性评价联系起来使用。首先要将定性评价与定量评价的方法综合起来使用。在做量化评价时，要对应能够进行量化的因素；定性评价是针对那些不能进行量化评价的因素，而能够量化的因素还可以对其进行定性分析。其次，要将绝对性评价与相对性评价进行综合地运用。在对学生的最终得分进行确定时，可以运用绝对性评价方法对学生健美操的学习成绩做出评定。通过学生的学习行为和学习态度来对其进步与发展情况进行分析，并合理评定每名学生的实际进步情况，用一刀切的评价标准去衡量学生是不合适的。最后，要将终结性评价与过程性评价综合起来运用。对教学结果的评价常常使用终结性评价。在终结性评价中，学生的学习效果和教师的教学水平，可以通过最终学生的学习成绩获得充分地体现。而整个健美操教学过程中都可以使用过程性评价来对学生健美操的学习进展情况进行了解，并以此对教学过程进行及时调整。

在对学生的健美操学习成绩进行评价时，可以针对每个学生的初始水平在学期初做出诊断性的评价，而后与学期中进行的形成性评价作对比，最后再针对学生的学习情况，在学期结束时，给出终结性的评价。

②健美操教学评价标准的实施。第一，根据健美操教学实际制订评价标准。参照学校的教学实际，结合健美操的内容标准，由健美操教师制订出能够客观评价学生学习情况的健美操学习评价标准；第二，评价标准与方法尽量多元化。用

课程标准评价学生的健美操成绩时，评价标准要尽量多元化，诸如绝对性标准、相对性标准以及体内差异性标准等，这样可以在评价时相互结合着使用。

③健美操教学评价形式的实施。在健美操教学评价的过程中，根据各地区、各学校的具体情况，采用学生先进行自我评价，然后再进行相互评价的方式，并根据学生自评和互评的结果来评价学生的学习情况。

第二节　竞技健美操运动技能分析与教学

一、竞技健美操运动技能分析

（一）竞技健美操运动的基本动作

1. 竞技健美操运动的基本控制

（1）站立控制

①练习基础站立。首先是不能倚靠墙壁，从头到脚，依次昂首挺胸，同时双肩下沉、肩胛骨向外向下，紧接着挺直腰背、收紧腹部，两腿往内夹紧。身体在用力时，要格外留意无墙壁倚靠时要与有墙壁倚靠时的感受一样，用心感受身体的姿态。

②靠墙壁练习站立。练习时要注意两腿收紧，将背部、后脑勺、两肩、臀部，以及小腿紧挨墙壁站立。其中，脚后跟和墙的预留空间为3厘米，还要留心腿与臀部都是收紧的状态，腰背挺立、收紧腹部、昂首挺胸，与基础站立时一样，依旧要两肩和肩胛骨分别下沉，略收下颌。

③两手叉腰，抬脚跟站立练习。以上基础站立练习好后，再将两手叉腰，提起脚跟，控制身体的垂直上升技能。练习时，细心感受后背的力量，以及身体被垂直向上升时的感觉。

④两手叉腰，身体垂直于地面，然后抬脚跟行走的练习。上面的基本功打扎实后，抬脚跟向前或向后走时，身体重心在不断移动，可以提升垂直轴的掌控方法。

（2）纵跳控制

①原地纵跳控制。做基本站立控制动作，微屈双膝，蹬地向上，借助踝关节力量纵跳，感受身体垂直轴的控制。练习时要注意提气、收腹、立腰，尽量往上顶头，有意识地落地缓冲。

②承重起跳练习。在原地起跳练习后，在脚踝上绑上沙包，增加脚上的负重，在这种情况下进行练习，能够提升双腿垂直弹跳能力。

2. 竞技健美操运动的身体姿态

（1）站立姿态

①颈部练习。颈部保持直立，略微收紧下颌，头部不能歪斜，眼睛看向前方。为了训练效果更佳，还可以头顶一本书，在保证书不落地的情况下，向各个方向移动脑袋。

②肩部练习。双肩用力，上耸并与地面垂直，待肩膀酸痛以后，再用力向下沉。多次重复训练后，再完全放松。

③臀部练习。身体保持直立，收拢两脚，并将脚掌向下用力压，同时收紧臀部和大腿，感受肌肉在用力，再将臀微微上提，如此循环反复练习。

④将臀部夹紧，腹部用力收紧，然后提气，感受身体上台的过程，并且保持一段时间，再放松下来，如此反复几次。

⑤背部倚靠墙站立练习。首先将脚并起来，紧接着把头和肩胛骨，以及臀部都贴着墙站立，同时要注意脚后跟和墙的距离是3厘米；然后采用胸式呼吸的方法，边提气边保持刚刚的动作。练习时一定注意收紧两腿、腹部、臀部，挺胸直腰，肩胛骨和两肩往下垂，收下颌，头向上抬。

⑥站立姿势的练习。基础姿势练好后，不再倚靠墙壁，这时再感受肌肉的力量，循环往复训练这个动作，并且时刻留心呼吸保持平衡。

（2）头颈姿态

①练习抬头。双手叉腰站立，头和颈均往后伸，最后慢慢还原根据情况加快速度，感受抬头时肌肉的受力。

②练习低头。首先双手叉腰站立，然后低下头、挺起胸，再将颈部向前倾，慢慢伸长，最后还原。速度从慢到快，感受头低下来时肌肉的受力

③练习右转。双手叉腰站立好后，将头转向右边，此时下颌和右肩在同一垂直面，最后还原。速度从慢到快，感受肌肉在头部转动时的受力。

④左转训练。两手叉在腰间，自然站立，向左转头，下颌与左肩对准，然后还原。由慢到快变化速度，体会转头时肌肉控制的感觉。

⑤左侧屈训练：两手叉在腰间，自然站立，头向左侧屈，然后还原，体会头侧屈时肌肉控制的感觉。

⑥右侧屈训练。两手叉在腰间，自然站立，头向右侧屈，然后还原，体会头侧屈时肌肉控制的感觉。

（3）上肢姿态

①手型。第一，掌。竞技健美操的基本掌型分为两种类型：五指分开手型，五指分开直至手掌面积最大，且保持在同一平面上，手指伸直用力到指尖；五指并拢手型：并拢五指（保持在同一平面内），略屈大拇指第一指关节。在习练时要注意，先按照要求将掌型控制好，然后在不同平面上进行练习。第二，拳。在竞技性健美操中，拳与其他手型相比，更能体现出动作的力度。第三，指。以剑指为例，弯曲大拇指、无名指和小拇指，并拢食指和中指并拢伸直。第四，特殊风格手型。竞技健美操运动的音乐元素十分丰富，因此，有不同形式的手型动作与不同风格的音乐相匹配，如西班牙手型、阿拉伯手型等。

②手臂。第一，两臂上举。两臂经前绕至上举，双臂之间的距离与肩宽相同。第二，两臂侧举。两臂经侧绕至侧举，掌心向上、向下均可。第三，两臂前举。两臂由下举向前绕至前举，双臂之间的距离与肩宽相同，五指并拢或分开，掌心握拳、相对、向上、向下等均可。第四，两臂后举。两臂经前向后绕至后下举，尽量向后举手臂，双臂之间的距离与肩宽相同。第五，双臂前上举。将双臂环绕，直到上举和前举的角度呈 45 度，或者前侧上抬。第六，双臂前下举。将双臂伸直经前至前下方举起，位于前举与两臂下垂之间 45 度，或者到前方下举。第七，双臂屈于胸前。大小臂与地面、前臂和额状轴呈平行状态，然后小臂和胸的距离在 10 厘米。第八，两臂侧举并弯曲。注意前臂和上臂是垂直的。

（4）躯干姿态

①躯干稳定性训练。承受重力的仰卧起坐，首先挑选个人肌力承受范围内

的一个实心球，然后双手持球于胸前，并将球尽力向下颌的方向靠近；接受一定时间的练习后，可以逐步增加实心球的重量。仰卧起坐的训练，实际上是控制腰腹肌的训练，所以速度要稍微提升，不断坐起然后再仰卧的过程，也是腰腹肌的离心训练，并且身体也要慢慢向后倒。后倒时间是起坐时间的一倍。练习时要注意，控制好身体回落的速度，避免因速度过快而造成腰部损伤，影响腰腹肌锻炼效果，这一练习收缩强度较大，所以要将负荷重量控制好。

健身球俯卧撑。俯卧，两手撑地把身体支撑起，两脚背置于健身球上，含胸收腹。两臂和健身球的距离通常是一臂半的长度，具体可根据个人实际肌力水平而调整。有了一定的练习基础后，可以慢慢将双臂和健身球的距离调大。双臂由直到屈的过程，也是身体的离心训练，身体慢慢向下倒，注意向下倒的时间要比向上坐起的时间多一倍。假设躺下的速度太快，则会影响身体的稳定性。双臂从屈到直，也是身体的向心训练，需要较快做完。值得注意的是，训练时需要把握身体的稳定速度，以及俯卧撑的合适速度。

②躯干灵活性训练。先进行肩关节运动，如左右依次提肩、提两肩，左右依次前后绕肩和双肩同时绕等；然后做髋关节运动，如顶髋、绕髋等；最后做躯干移动练习，如向前、后、左、右不同方向的练习，以提高身体各部位的灵活性。

3. 竞技健美操运动的身体弹动

（1）踏步

①踏步。上身直立，脚落下时脚尖先着地，再将全部脚掌置于地面，以便腿放下时能够将膝关节伸直；双臂屈肘并自然向身体两侧摆动，然后做弹动性的踏步练习，等到脚尖落地后，踝关节再慢慢地向全脚掌转移，以此承受腿部落地后膝关节的略微弯曲。这样双腿都能同时屈膝，双臂在身体两旁自然地一前一后摆动。

②弹动踏步。跟着伴奏音乐的节拍，有节奏地踏步，两臂同下肢有规律地摆动—腿部摆动、屈膝然后上抬，此时起支撑作用的另一条腿也一起轻轻屈膝，腿摆动后落地再伸直在练习时，要先放慢节奏，熟悉后再加快，直立踏步训练是基础。

（2）蹬、伸

①基础伸蹬。通常是将一只脚踩在踏板上，向上迅速用力并蹬直，让身体始终呈垂直轴，并以此训练左右腿。

②负重并伸蹬。需要在伸蹬时，在一条小腿上绑上沙包，让身体可以承担这部分负荷，依次训练左右腿。

③承重并提踵。先单脚或者双脚站立在踏板上，然后把沙包绑于踝关节上，这样的提踵训练，实际上是利用踝关节的力量，进行循环练习。

④原地屈膝弹动。随着伴奏音乐的节拍，踝和膝关节均有节奏地屈和伸，注意脚尖要紧挨地面，手臂随着下肢一起辅助练习。

⑤髋、膝关节地原地弹动。首先将双脚收拢，在音乐节奏的变化下，脚尖也随之不断抬起再放下，这时的膝关节也在做屈伸动作，脚跟挨地。屈肘的双臂一前一后地自由摆动。

（3）踢、跳

①弹和踢。在腿膝和踝关节承受起弹动的任务时，再适度地活动另一条没有起支撑作用的小腿，并且适度地伸开膝踝关节。开始是训练一条腿反复弹和踢，接着是训练两腿交换着弹、踢，交换的同时，让起支撑作用的腿的踝关节保持弹性的屈伸，从原地训练到走动训练。

②弹动纵跳。这个训练的拍子共有四拍：第一拍和第二拍是在原地屈膝弹跳，并让手臂和下肢一起朝前后摆动；第三拍是朝上垂直跳动，双臂随之摆动到上举；第四拍是脚落地时缓冲一会儿，并将手臂放到身体两侧。

③在原地重复小纵跳，把两脚收拢，足尖始终挨地，并伴随着音乐的节拍起落，这时踝关节要不间断地屈和伸，双臂一前一后自由地摆动。

④承重不间断地纵跳。首先将沙包绑在脚踝关节上，之后半蹲下来，将手臂往后摆动，随着腿的蹬伸向上跳动，这时双臂也自然上抬，在脚落地以后屈膝，以达到缓冲效果，之后重复跳动，持续训练。练习时，要留意起跳后身体要保持适度的紧张，确保落地时有意识地缓冲。

⑤吸腿跳和跳踢腿。当支撑腿的膝踝关节在弹动时，另一条腿或提膝，或向前大步踢腿，且支撑腿的脚跟保持不完全挨地，适度弹跳，将膝关节调整到一直

略微弯曲的弹动姿势。

⑥开合跳。开始是将双腿分开站立，然后做弹跳练习，再将双腿收拢后继续做弹跳练习，最后双腿有次序地开合跳，进行循环往复地训练。

（二）竞技健美操运动的难度动作

1. 支撑类难度动作

（1）分腿支撑

①让他人帮助自己进行日常练习。基本动作要领如下：身体向左或向右倾、头抬起、胸部向内收、腹部用力收紧、将髋部弯曲，两腿分开呈直角或钝角，两手接触地面并保持相对距离，伸直双臂。用力将身体进行支撑，与此同时，帮助练习者抬起双脚，让练习者双脚与髋在一条直线上的同时，使练习者双腿伸直并与地面平行，增加练习者进行练习的时间。通过不断地辅助练习，锻炼练习者增强腰腹肌力量以及下肢力量，当力量增强到一定程度时，帮助训练者将双手移开，让练习者独自完成所有动作。

②使用平衡木帮助练习者进行日常练习。基本动作要领如下：身体向左或向右倾、头抬起、胸部向内收、腹部用力收紧、两手支撑在平衡木上并保持相对距离，伸直双臂，将髋部弯曲，两腿分开呈直角或钝角。双臂支撑其身体，将两腿伸直并使两腿与地面保持平行，不断增加对支撑的控制时间，最终实现练习者不断强化对肌肉的控制能力。伴随着练习者自身的控制能力以及自身对技术动作的娴熟程度增强，可以将训练从平衡木上转移到地面。

③训练练习者以直角进行支撑的能力。将两臂保持伸直，两只手紧握双杠对身体进行支撑，身体可以向左或右倾，将头抬起，胸部向内收、腹部用力收紧，在伸直两腿的同时并拢两腿，抬起双腿并使其保持与地面平行，不断增加可以支撑的时间。当练习者开始熟练地掌握技术动作，并增强腰腹肌力量以及髋部、腰部肌肉力量时，将训练移至地面，再进行练习。

④将双腿分开，采用高直角的姿势进行支撑能力的训练。在帮助练习者的陪伴下，练习者胸部向内收、腹部用力收紧，与此同时，将下颚收紧；将双臂伸直用以身体支撑，使身体保持稍向后的姿势；分开双腿，并将双腿向上，保持"V"

字（或者做到与地面保持 90 度），并将双腿贴紧胸部。帮助练习者用手紧握两脚，紧贴练习者站立，实现练习者身体姿势的保持。

随着技术动作的不断熟练，逐步增加支撑时间，并使练习者在没有同伴的辅助下进行独立练习，达到基本要求。

2. 跳跃类难度动作

（1）屈体分腿跳

①将身体抱团实现跳跃动作。将双脚并在一起，将膝部进行弯曲的同时，用力向上跳。当两膝在空中保持弯曲后抱起身体，让膝关节最大限度地靠近胸部。

②将两脚并拢在一起，以纵跳的动作实现同一起点和落点，将膝部进行弯曲的同时用力向上，做跳跃动作，两臂顺着身体用力向上摆动，并起两脚后实现落地动作。

③屈起身体将两腿分开实现跳跃动作。先并起两脚，将膝部进行弯曲后、伴随着身体力量自发地向上跳，在空中屈起身体，实现两腿分开的动作后，再以两脚并在一起的动作实现落地。

在这一练习中，一定要使用腿部作为力量来源，再以脚踝关节的力量爆发为辅助，不断地训练练习者，最后实现空中姿态的练习。

（2）纵劈腿跳成俯撑

①在同一起跳和落点进行纵劈腿跳的练习。在原地向上起跳，在空中以一前一后的方式打开双脚，在自身能够实现的顶点纵劈腿，身体下落时，保持屈膝的动作用以缓冲身体。在训练这一动作时，要紧贴练习者侧面站立，双手扶着练习者的髋部，在练习者实现身体向上纵向跳跃时，帮助练习者从旁进行辅助，将练习者在空中的时间进行延长，使练习者获得充裕的时间实现纵劈腿，练习者落地时加强对其的保护。在习练过程中要注意对身体垂直轴的控制，收腹挺胸、立腰立背、紧臀、肩下沉，头向上顶。根据实际情况，手臂可以做一些配合下肢的辅助动作。

②原地前倒成俯撑。自然直立，身体前倒，双手着地成俯撑姿势，保护者站在练习者侧面，当练习者身体前倒时，迅速托其腰腹，减缓倒地速度，防止损伤

发生。习练过程中，要注意收紧身体的各部位，着地时肘部及时弯曲进行缓冲，五指分开，从指尖到全手掌依次着地，头与身体保持在一条直线上。

③实现前后腿分开跳跃的动作，落下时实现俯撑动作：练习者两脚保持向上并实现垂直起跳的动作，离开地面后，练习者两腿迅速实现前后分开，两脚之间形成的夹角不能大于135度。在练习者所能够达到的顶点落下后，实现前腿迅速后摆，上体向前倒的动作，最终以俯撑的姿势落地。

④以纵劈腿的动作最终实现俯撑。起跳动作采用双腿用力向上，凌空完成纵劈腿的动作，最终以俯撑的姿势落地。练习中要注意，前后腿尽量劈开，腿要伸直，要绷直脚面。

3. 俯卧撑类难度动作

（1）单臂俯卧撑难度动作

①以标准的俯卧撑实现控制腹肌训练。整个姿势始于标准的俯卧撑姿势，将两脚并起，将两臂打开保持与肩同宽，将腰腹肌、臀部肌的力量进行收紧，将身体始终控制在一条直线上，并将这样一个姿势进行保持为了提高控制身体的难度，可在标准俯卧撑控腹的基础上两脚蹬地使重心向前。

②抬高下肢达到控制腹肌的训练。以标准的俯卧撑动作作为预备姿势，将两臂打开保持与肩同宽，将双脚并起放置在比地面高的实物上，收紧腰腹及臀部肌肉，将身体绷直成一条直线，不断地增加双脚离开地面的高度，加大动作的难度，以此将腹肌控制能力进行提升。练习时要谨记，身体重心应始终保持在腰腹部位，不要太向前。

③以动态的方式实现控制腹肌的训练。以标准的俯卧撑动作作为预备姿势，将两臂打开保持与肩同宽，将双脚并起搁置在健身球上，收紧腰腹及臀部肌肉，由于健身球的形状与动态练习的特点息息相关，要求身体应紧收，同时绷直成一条直线，将身体控制动态动作的能力进行提升，也可以采取向背部增添阻力的方式。例如，放杠铃或者相似重物，增添训练难度的同时，将动作难度加以提升，使练习者不断增强腹肌控制能力。练习时要谨记，身体重心应始终保持在腰腹部位，不要太向前。

④通过对抗阻力来实现控制腹肌能力的训练。以标准的俯卧撑动作作为开始姿势，将两脚并拢后，将两臂打开保持与肩同宽，收紧腰腹肌、臀部肌肉力量，将身体绷直成一条直线，将姿势固定在较长的时间内，同时可以采取向背部增添阻力的方式。例如，放杠铃或者相似重物，增添训练难度的同时，将动作难度加以提升，使练习者不断增强身体控制能力。

⑤用单臂、单腿进行支撑完成动作实现控制腹肌的训练。将两脚分开，实现两脚之间与肩同宽的距离。让身体以单臂、单腿进行支撑，进行支撑动作时，臂肘关节要保持伸直状态；另外，不要对臂部动作加以限制，收紧腰腹肌以及臀部肌肉的力量，将身体绷直成一条直线，在较长时间内保持这一动作。

⑥以单臂、双腿进行支撑完成动作实现控制腹肌的训练。分开两脚，实现两脚之间与肩同宽，用单臂对身体进行支撑，支撑时臂肘关节保持伸直，另外一侧手臂动作不加以限制，收紧腰腹肌以及臀部肌肉，将身体绷直成一条直线，在较长时间内保持这一动作。如果要增加训练难度，需要在保持重心前倾的基础上，完成上述动作后两脚蹬地，最终实现提高身体控制能力的目的。

（2）双臂俯卧撑难度动作

①双膝跪地完成俯卧撑动作。双膝跪于地面，小腿并在一起（或进行交叉），上半身实现标准的俯卧撑，并以此姿势作为准备姿势，在此基础上开始俯卧撑动作，将两腿向后伸，保持成直线，前脚掌作为落脚点，在此成套动作基础上，做标准俯卧撑。在练习时要将腰腹紧收，将身体保持绷直状态。

②面对墙体完成俯卧撑动作。练习者与墙体（或者肋木这样的实物）保持大约1米的距离，绷直身体向前倾斜，两手保持撑在墙上的动作，位置与胸部齐平，以此姿势完成标准俯卧撑。

伴随着俯卧撑动作不断练习，身体控制能力和肌肉力量也开始有所提升，两手支撑的高度以及身体重心都会不断向下。因此，要实现动作的标准化，必须将腰腹以及臀部肌肉进行收紧，身体绷成直线，一直到标准的俯卧撑动作变为手撑地的姿势。另外，在练习时要谨记，对身体任何部位展开练习时都要将身体绷直成直线。

③以俯卧撑的动作不断缩小两臂之间的距离。开始做动作时，两手要保持一

定距离，在进行俯卧撑练习时，使双手之间保持与肩稍宽的距离，在动作进行过程中，不断缩小两手之间的距离。但是，动作幅度要伴随着练习而不断增大，直到完成标准俯卧撑动作要求的臂间距离。

④以下肢抬高的姿势完成俯卧撑动作。在比地面高的物体上放上两脚，双手撑地，以此动作开始标准俯卧撑，收紧腰腹以及臀部肌肉，身体绷直，不断提升双脚离地的高度，从而实现练习难度的增加。在练习中要谨记，腰腹部位为身体的重心，不要让身体重心过于向前。

4. 柔韧与变化类难度动作

（1）平衡前倒成纵劈叉

①平衡训练。平衡训练的目的在于提高身体控制能力及完成难度动作的能力。首先在同伴的辅助下进行搬腿平衡提腿练习，然后练习者独立进行练习。这对于促进练习者踝关节控制能力和难度动作完成能力的提高具有积极的影响。

②斜板训练。身体直立，含胸收腹，下颚收紧，成搬腿平衡姿态，前倒于斜板上，重复练习此动作，充分掌握技术要领。随着动作完成质量的提高，逐步降低斜板的倾斜度，最后过渡到地面进行练习。

（2）横劈叉腿前穿

身体俯卧，含胸收腹，双腿分开成横劈叉状，双臂伸直支撑身体，两脚架在离地面 30 厘米高的物体上，慢慢前后移动，逐渐加大移动幅度。随着技术动作的不断熟练，逐渐将双脚放回地面进行练习。

（三）竞技健美操运动技法训练

1. 竞技健美操动作力度训练

（1）表象训练

表象训练就是在不借助外力的帮助下，练习者依靠自己对动作的理解，准确把握动作的发力顺序、反应速度以及步法身形。表象是指练习者在头脑中回想练习的每一步动作要领，重现当时的练习场景，把握动作力度的一种自我感觉。

长时间的表象训练有利于促进练习者力度感的增强。在表象训练中，教练员要及时纠正练习者的错误表象，否则会导致负诱导的作用错误表象时出现。这时教练员应及时用口令或提示语（"用力再大些""节奏再加快点"）帮助练习者协调用力，同时，也可以直接用手帮助练习者。表象训练的过程中可将一些镜面练习穿插其中，深化练习者的正确运动表象。

（2）协助训练

在竞技健美操动作力度训练中，协助训练是最直接、最有效的训练方法，在运动初期感知各种动作，协助训练的效果十分明显。在协助训练中，教练员要适时调整练习者正在练习的动作，对于动作使用力度、动作节奏、身法以及走位中的错误要及时纠正，要让练习者准确把握每一步的时机。例如，在教授"左臂上举，右臂前举"这一动作时，教练员可双手握住练习者的手腕带动其摆动，使其能够快速有力地摆至标准位置制动，让练习者仔细感受位后制动的发力方式；通过哑铃进行训练，根据练习者自身体重匹配相适应的哑铃，能够提高自身对肌肉的感受能力。另外，借助标准位置的限定训练，达到相同效果，即教练员在前举位置和上举位置设立标杆，练习者进行双臂摆动练习，达到指定位置，如此反复训练，便可大幅提升练习者对动作的感知能力。

（3）负重练习

负重练习是指在相应时间内，借助哑铃举重完成一整套屈、伸、摆、绕环等连贯动作，勤加练习，以此提升自身肌肉的运动感知在实践中，每次完成举、屈、伸等动作，从而提高力量和动作力度。当负重练习进入强化阶段，基本动作完全可以配合不同的音乐节奏进行训练，而且练习者通过对镜练习，能够及时纠正自身的错处，从而提升动作力度的感知水平。

2.竞技健美操动作速度训练

（1）助力训练

在竞技健美操基本技法训练过程中，练习者可借助外界条件，提升自己的动作完成速度，然后深切体会这种节奏，不断适应。在助力训练中，教练员要严格把握助力的时机以及使用的力度，要求练习者认真琢磨在外力条件下，动作的节律以及使用力度，使其深刻理解竞技健美操对动作速度的要求，进而提高其完成基本动作的速度。

（2）高频重复性训练

高频重复性训练要求练习者要在一定时间内不间断地进行动作的快速训练，这种训练方法是专门用于提升在竞技健美操运动动作速度中，运动员时常会因为某些动作反应慢，影响整体的表现和最终的成绩。针对这一问题，可采用高频重复性训练方法进行解决。

在高频重复性训练中，教练员首先应规定具体动作的训练时间，然后练习者在进行动作训练时，要做到每一次的反应速度都要比上一次快。重复性训练的意义在于，通过反复练习逐渐熟悉动作的技术要领以及对应的运动路线，从而实现动作熟练化、高效化的目标。

（3）变奏训练

变奏训练是指练习者能够根据音乐节奏的快慢，相应地调整自己的动作步伐，以达到两者相匹配的效果，感受在快、慢不同节奏下，动作完成的不同训练方法。

在变奏训练的快节奏下，开始时练习者往往跟不上节奏，动作明显滞后，动作表现力会受到影响。此时，教练员应及时提醒练习者要规范动作，高质量完成动作。变奏训练的另一层意思是音乐速度没有变化，只是对动作的练习速度进行了调整，或结合高速度动作练习与变速练习的综合训练，这种训练有利于防止练习者的动作长时间停留在稳定速度水平上，从而获得进一步的提高。

3. 竞技健美操动作幅度训练

（1）压腿

①正压腿。支撑腿脚尖正对前方，伸直膝关节，摆正髋关节，抬头、挺胸、屈上体。

②侧压腿。支撑腿脚尖、膝盖垂直于被压腿方向，被压腿膝关节伸直，髋关节完全舒展，抬头、挺胸、上体向压腿反方向弯曲。

③后压腿。髋关节正对前方，支撑腿向前弯曲，抬头、挺胸、上体向后仰、胯部弯压。

④劈叉控腿。左、右双腿交叉在前，呈劈叉状排列，保持5分钟，可练习架高劈叉控腿。

（2）体屈、转

①体侧屈。两脚与肩同宽，保持双脚开立姿势，双手向上竖起，十指交叉，掌心向外，身体随着手向一侧弯曲，达到最大程度的侧屈，持续时间大约10秒。

②体转。两脚与肩同宽，双脚并拢，两手臂弯曲，与肩齐平，身体保持直立状态，向左侧转动时，由左臂引导身体左转到达极限，保持10秒，向右侧转动与此相同。

③体后屈。双手两侧叉腰，双腿并拢，与肩同宽，抬头、挺胸、上体后仰达到极限，保持10秒。

（3）肋木训练

①各种徒手体操中活动肩、肘关节的动作训练。

②与同伴互扶俯身正侧压肩训练。

③两手向后握肋木向前探肩训练。

④两手握肋木直臂压肩训练。

（4）皮筋训练

在竞技健美操训练中，为提高动作幅度与身体的柔韧性，可借助橡皮筋进行练习，具体方法如下：

①上肢训练。第一，腕外展内收。在橡皮筋中央站好，两手将皮筋两头握住，侧举拉紧橡皮筋。外展时，立拳，拳心向前，手腕与拉力方向相反的方向用力；内收时，立拳，拳心向后，手腕向与拉力方向相反的方向用力。以上练习过程中需要注意的是，手腕与前臂的运动应维持在同一平面内。

第二，腕屈伸。在橡皮筋中央站好，两手将皮筋两头握住，侧举拉紧橡皮筋。腕屈时，拳心向上，双手克服橡皮筋的拉力向上屈；腕伸时，拳心向下，双手克服橡皮筋的拉力向上伸，从而促进前臂肌肉力量的发展。在习练过程中需要注意拳心的方向，使屈伸方向与拉力方向刚好相反。

第三，前臂屈伸。站在橡皮筋中央，双手捏住橡皮筋两头并拉紧，置于身体正前方；上臂保持静止，前臂弯曲，然后回转到原来位置。这种训练能够增强练习者肱二头肌、肱三头肌的肌肉力量。练习时需要特别注意的是，上臂一定要固定好，绝不能随前臂摆动，否则会使锻炼效果减弱。所以要控制好运动速度，屈伸速度应均匀。

第四，上臂屈伸。选择橡皮筋的中央位置站立，双手紧握两端，双臂自然放置在身体两侧，拳心相对。屈臂时，直臂向前弯曲，皮筋被拉紧，双臂缓慢放下；伸臂时，除了直臂回转到原位置之外，其他动作与屈臂时相同，这样能够增加胸大肌、肱二头肌的肌肉力量。练习时需要注意的是，双臂屈伸时，前屈和后伸的幅度要达到极限，以便增强训练效果。除此之外，运动速度也要把控好。

第五，臂外展。站在橡皮筋中央，两手握住两头，两臂在身体两侧自然放置，拉紧皮筋，两臂从体侧向上抬起，然后缓缓放下，让三角肌、胸大肌的肌肉力量得到充分发展。在习练中需要格外关注的是，双臂和身体要始终保持在同一平面上；抬起和下落的速度要适合，整个练习过程要平稳完成。

②腹背部训练。第一，体前屈。两腿分开在橡皮筋中央站立，橡皮筋经体后至头后，两臂屈肘，在头后将橡皮筋两头握住，上体前屈，再起来，从而促进腹背肌力量的发展。在习练过程中需要注意，两腿要伸直，控制好上体上起的速度，不要太快，上下进行匀速练习。

第二，体侧屈。两腿分开站立于橡皮筋中央位置，一手捏住皮筋一端，另一手自然放置体侧，只需将皮筋拉紧。上体向对侧弯曲，然后回到原位置，接着换另一只手重复刚才的动作，这对腹直肌、腹外斜肌、腹内斜肌等肌肉力量的发展起到很好的促进作用。在习练中要特别注意的是，两腿要保持直立状态，身体和手臂要协调一致运动，始终让两者保持在同一平面上。

第三，下肢训练。双腿分开，选择橡皮筋中央位置站立，橡皮筋从身体后方达到头部后方，两臂弯曲，在头部后方抓住橡皮筋两端并拉紧，膝盖弯曲双腿下蹲，然后缓慢站起身来，促使臀部、腿部的力量得到充分发展。练习时需要注意，在下蹲时皮筋要保持紧绷状态，腰腹要收紧，下蹲速度要严格控制，切忌速度过快。

二、竞技健美操的教学

（一）竞技健美操表现力教学

表现力泛指表达情感、情绪的一种能力。在竞技健美操比赛中，运动员的表现力会直接决定比赛结果。竞技健美操表现力是运动员借助自身的认知能力，发挥对健美操动作和音乐的理解力、观察力、想象力，建立自信心，将它们融入自身的情感中，再由肢体动作技巧以及面部表情等，将它们形象直观地表达出来，从而加深观众的吸引力和感染力。

在竞技健美操运动中，运动员的内在精神涵养与外在动作表现的完美融合，都要通过运动员的表现力加以体现。为提高运动员的表现力，可通过以下几种方法进行教学与训练。

1. 观察法

观察法是指借助媒介直接进行观察，以便发现不足，及时改正，从而快速提升竞技健美操运动员表现力的训练方法。观察法的具体形式有以下两种：

镜面观察。镜面观察法是指运动员在镜子前进行练习，从而对自己的技术动作、身体姿态、面部表情等训练进行观察，通过对自我表现进行评价，凭借主观感觉对技术动作、形体姿态、面部表情等进行调整，从而增强自身的表现能力，规范自己的技术动作。镜面观察实际有效，在没有录像设备的条件下，可采用这一方法来提高运动员的表现力。

录像观察。录像观察法是指借助现代化的摄影、摄像设备，加强运动员的训练方法。实际上，这种训练法只是将运动员的表现通过摄像机或记录仪记录下来，然后运动员自己观看视频资料，认真分析、比较，发现不足之处加以改正，从而不断提升运动员的水平。

录像观察法具有两个优点：一是使运动员对自身动作的不足之处有更加直观的认识，从而及时改正动作，培养运动员的观察能力，促进其主体作用地发挥。二是打破时间的局限性，将瞬时呈现的状态记录下来，让运动员仔细揣摩自己的动作是否协调、到位、有力度、有节奏感、优美，面部表情的展现是否合理、自然、恰到好处等，从而找出自己的不足，进行针对性地完善。

2. 表情法

（1）对镜训练法

是对着镜子进行面部表情的训练。面对镜子做各种表情、既可以锻炼脸部肌肉，将每个表情做到位，也可以体会不同表情对观众吸引力和感染力的差异，以便进行针对性的训练。

（2）眼神控制法

在表情训练中，要特别注意眼神控制。通过眼神控制的训练，可充分锻炼眼部周围肌肉，使眼睛更有神采。在竞技健美操运动中，运动员在控制好自身身体姿态的同时，加上富有感染力的眼神，可将自己内心的情感充分流露出来，达到内外合一的效果，从而使自己的表现力达到一个新的水平。

（3）赛中调节法

赛中调节法指的是在竞技健美操比赛中，运动员通过面部表情的调节来调整自身竞技状态的训练方法。在竞技健美操比赛前，运动员容易紧张，产生焦虑症状，这时需有意识地放松面部肌肉，轻搓面部，使面部肌肉舒缓。如果运动员在赛前提不起精神，心情低落，可有意多笑笑，或多看别人的笑脸，想一些曾经发生的高兴事，从而有意识地控制自己的面部表情，保持良好的竞赛状态。

3. 组合训练法

（1）自信组合

运动员在健美操日常训练中，不仅要将每一个动作做到完美、优雅，而且要由内而外地表现出朝气蓬勃、积极向上的精神状态，洋溢着自信的微笑，这样才能将健美操运动青春向上、自信健康的内涵真正体现出来。

（2）激情组合

在训练过程中，教练员通过各种方式调动运动员的情绪，以保持训练的积极性与热情度。例如，在训练中让运动员们观看优秀健美操运动员的直播比赛，提高他们的专注度，从而保持积极的训练状态，有利于提高训练效果。

（二）竞技健美操运动队伍的培养

培养竞技健美操队伍应重点从以下几方面来着手：

1. 竞技健美操运动选材

（1）竞技健美操运动选材的重要性

竞技健美操运动的不断发展和国际性比赛激烈程度日益增加，竞技健美操的动作难度也越来越高，这就对运动员的身心素质和运动能力提出更高的要求。因此，在竞技健美操选材过程中，要充分考虑当前竞技健美操运动发展的趋势及发展需求，从而提高选材的科学性与实效性。

竞技性健美操运动员选材的成功可以有效提高之后的训练与比赛水平。世界健美操运动开展时间并不长，但技术水平进步很快，各国选手间的竞争也越来越激烈。随着竞技性健美操专项技术与训练理论的深入研究，教练员在努力探寻高新技术训练的同时，也将科学选材工作放在了重要的位置，各地区和学校健美操代表队的组建和训练也得到高度的重视。对竞技健美操运动员进行选材，就是从众多人群中选拔出适合参与健美操运动项目的人，对其进行重点培养和训练，使其拥有健美操运动的竞技能力，在比赛中取得优异的成绩，推动竞技健美操运动的发展。目前来看，科学选材已成为当务之急，做好这项工作将从根本上推动竞技性健美操的发展。

（2）竞技健美操运动选材的指标

①形态类指标。在对健美操运动员的选材中，健美的体形是一个非常重要的指标，有关人员通过对近年进入世锦赛决赛的运动员进行体形测评后发现，所有运动员的形态不仅与健美操动作的力学特点相符，而且与美学要求相符。因此，在健美操选材中要注意形态类指标的重要性，严格筛选对健美操运动成绩有影响的形态类指标，包括高度（身高、坐高）、长度（腿长、臂长、手长、颈长）、围度（胸围、腿围、腰围、臀围）、宽度（肩宽、髋宽）、充实度（体重、皮脂厚度）等。

②身体素质指标。身体素质是对人体在运动状态下的身体机能做出整体评价，主要从力量、速度、耐力、柔韧、灵敏、平衡等方面进行评价，只有拥有良

好的身体素质、运动员才能把基本健美操技术与技能融会贯通。由于竞技健美操运动规则在与时俱进，不断完善，所以对运动员的身体素质也有了更高标准。其中，柔韧素质和力量素质方面的要求要比其他素质更严格一些。身体素质在一定程度上受遗传因素的影响，在运动员的选材中要特别注意选材的优良性。当然竞技健美操所需的一些素质受环境的影响较大，可以通过后天训练获得。

③生理机能指标。心功能指数的主要功能是对人身体的心肺功能进行检查和记录。运动员的心肺功能要通过一定的测试才能完成评定，也就是对运动员在安静状态下的心率进行测量，测量的内容是在30秒内完成30次蹲起之后的即刻心率和完成蹲起1分钟后恢复的心率。从测量的结果出发，安静状态的心率、即刻心率和恢复心率测量值都比较低的运动员心肺功能会更强一些。心功能指数这一测试方式采用克服自身重心的方式，其负荷形式和测试时间与健美操项目很接近。心功能指数和年龄及训练水平有关。根据统计，随着年龄的增大，心功指数会递减，运动水平的前后差异也会增大。生理机能指标受遗传因素的影响比较明显，在选材过程中、要尽可能选择有良好先天条件的后备人才，经过一定训练后，如果后备人才的心功指数还是达不到相应要求，那就难以在之后的训练中承受大负荷训练，因此可以不做考虑。

④心理类指标。第一，心理素质。心理素质也称"心理品质"，包括心理过程和个性心理特征。心理素质对竞技健美操运动员运动能力的发挥有重要的影响，因此，在选材时应特别注意对运动员心理素质的考察。竞技健美操要求运动员拥有良好的心理稳定性、积极的性格、坚强的意志和一定的思维能力，所以在选材时应将这些因素作为具体指标。第二，神经类型。根据竞技健美操运动的特点与发展需要，从神经类型考虑，在后备人才选材中，应挑选神经兴奋且具有稳定性的人。

⑤气质类指标。有的队员属于活泼型队员，聪明伶俐，活泼好动，有着饱满的精神状态，这种人容易兴奋也容易抑郁。有的队员属于安静型队员，性格相对沉稳。虽然这类队员对动作的掌握速度不及活泼的队员，但是有着较好的稳定性。这两种队员都容易在健美操项目获得较为突出的成绩，所以如果按照气质类型来挑选人才，安静型和活泼型的队员都是较为合适的人选。

⑥技术类指标。竞技健美操运动具有较强的技术性特征，基本技术对运动员技术的发展具有关键性作用。竞技健美操技术动作非常多，所以在选材中，可以从对比赛成绩有重要影响的关键动作入手进行评定，根据运动员年龄和训练水平的不同，选用的动作指标也各有差异。教练员可以通过观察备选人才在规定动作中的表现来判断其发展潜力，从而做出选择。

（3）竞技健美操运动选材的原则

①个性原则。根据竞技健美操运动发展的特点，在对竞技健美操各项选材指标进行选择和制订时，应对不同运动员的特点、不同时期的训练任务进行综合考虑，区别对待，使健美操运动选材充分体现集群性特点与个性特点，并自觉与健美操的特点进行结合与对照，从而选拔更适合从事健美操运动的优秀人才。

②长久性原则。依据我国儿童少年生长发育的特点，各项指标在生长发育期都呈上升趋势，身高体重这一变化趋势尤其明显；同时，根据国内外人群种族差异，从人体健美的实际情况出发，考虑我国竞技健美操要走向国际的趋势，在确定各项指标时，需对有利于该运动发展的标准予以充分考虑，从而使选材指标具有长期性。

③可发展性原则。根据我国青少年身体发育的特点和竞技健美操运动的客观发展规律，从这项运动发展的客观实际考虑，在进行竞技健美操科学选材的指标时，我们应选择可发展的指标。

④多因素综合原则。健美操运动员的竞技能力由多方面的因素共同决定，某一因素的不足或某方面的缺陷都会对其整体竞技能力产生不同程度的影响。任何人都不是十全十美的，所以要细致分析健美操后备人才的各种能力和素质测定的结果，抓住那些主要因素进行综合权衡，在此基础上做出最终的决定。

2.竞技健美操的科学训练

（1）制订科学的训练计划

竞技健美操训练是一项非常具有系统性的工程各子系统之间的衔接非常密切。竞技健美操训练要以严谨的计划为依托，培养全面发展的人才。取得良好的训练效果离不开对训练计划的科学制订，制订训练计划目的是实现终极训练目标，是取得优异比赛成绩的保证。

制订竞技健美操训练计划是以竞技健美操训练目标为核心而开展的一项工作。由于竞技健美操的训练对象具有差异性，因此，训练目标也有一定的区别，在制定训练计划时，要有所侧重，要符合训练对象的实际情况。对于成年队来说，取得优异的比赛成绩是训练的终极目标，因此，对成年队制订训练计划应以比赛周期、竞技状态的形成等因素为依据；而对于青少年队来说，训练的目标主要是培养人才，因而对青少年队制订训练计划主要就是依据青少年不同年龄阶段的身心发育特点，在不同时期安排的训练内容、训练手段都应该突出不同的侧重点。

竞技健美操训练计划的类型有很多，不同类型的计划包括一些基本的共同内容，如分析运动员现实状态、确定训练任务及指标、划分训练阶段确定阶段任务、规划负荷的动态变化、选用训练手段、确定各手段负荷量度、制订恢复措施等。抓住重点，将重点突出，让训练获得更高的实效性，并按照预先设计的方向来执行训练过程，使训练按部就班地运行，最终使训练成绩更为理想。

（2）在不同阶段实施有针对性训练

竞技性健美操运动的全程性训练过程包括五个阶段，分别是选材阶段、基础训练阶段、专项提高阶段、最佳竞技阶段以及竞技保持阶段。不同阶段的训练任务、内容、特点以及负荷是不同的，如表 3-2-1 所示。

表 3-2-1　竞技性健美操多年训练计划的阶段划分及安排

阶段划分	主要训练任务	主要训练内容	训练特点	训练负荷
选材阶段	发现人才，进行优秀健美操运动员的选材	各种游戏性的健美操运动形式学习各项基本动作，培养对健美操的兴趣	培养对健美操的兴趣	严格控制运动量，不能追求难度
基础训练阶段	发展一般运动能力	发展各种运动素质	循序渐进	适宜的量度
专项提高阶段	发展专项竞技能力加强训练理论的学习	基本技术的再加工重点培养专项竞技能力	训练工作中思想教育和心理训练的比重都要相应增大	逐步承受较大的专项训练负荷

续表

阶段划分	主要训练任务	主要训练内容	训练特点	训练负荷
最佳竞技阶段	发展专项竞技能力加强训练理论的学习	集中进行专项训练，并积极参加运动竞赛	训练工作中思想教育和心理训练的比重都要相应增大	负荷通常呈波浪形，有起有伏，有张有弛，保持明显的节奏
竞技保持阶段	继续提高身体素质和机能能力对体现个人优势的难度动作精雕细刻	抓好思想教育和心理训练注意一般身体素质的训练	教练员细致地做好工作，维护运动员的威信	负荷通常要低于专项提高阶段和最佳竞技阶段

3. 竞技健美操培养运动员的心理素质与合作能力

对于竞技健美操运动员而言，竞技能力不仅包括身体素质、技术等，而且还包括心理素质能力，把握和调整心理活动是竞技健美操运动员必须具备的一项基本素质，运动员的个性心理特征在训练和比赛中起着重要的作用，心理素质良好的运动员往往能够在比赛中充分发挥自己的水平，因此，要重视对竞技健美操运动员心理素质的培养。

在 21 世纪，合作已经成为人类社会发展的新主题。健美操的团队合作精神是指整个健美操团队为了达到共同的目的齐心协力、团结互助的比较稳定的个性心理特征。现代竞技健美操比赛需要具有较好的合作能力、较强团队精神的身心健康的复合型运动员。因此，在新训练理念的指导下，必须重视对竞技健美操运动员团队合作意识的培养，同时通过这方面的培养提高运动员的社会适应能力，进而促进运动员的全面发展。

高校竞技健美操往往是两个或两个以上运动员的团体合作，任何一个队员的发挥都会影响整个团队的比赛成绩，培养运动员的团队合作意识，能增强队员的集体责任感，使团队在比赛中发挥优秀的训练水平。另外，培养运动员的团队合作意识可以增加队友之间的默契程度，减少运动损伤发生的概率。

4. 竞技健美操运动的不断创新

（1）提高运动员的思维能力

思维的广度、深度、灵活性和独立性是思维能力所包含的各个部分。而竞技类的健美运动员对想象力、联想思维能力、多向思维能力等要素有着更高的要求。

①想象力。想象力善于任意改变、组合、扩大和加工意象，形成新形象的能力。任何创新都起源于想象，只有先丰富联想并敢于质疑，才能产生想象，想象力形成与发展的基础主要是深厚的知识和实践经验。在竞技健美操动作创新中，想象力的作用至关重要，在训练场上，教练员应该善于根据运动员动作表现情况与相应的动作建立联系，组合加工，从而产生新的思考，创造新的动作。

②联想思维能力。联想思维能力是指善于由一个事物想到另一个事物的能力。发现看似没有任何联系的两个事物之间的联系是创造性思维的本质。联想思维能力强的人可以充分利用自己已掌握的知识，结合自己的经验，在此基础上扩大创新思路。在竞技健美操动作创新过程中，教练员善于从现有的动作联系到其他项目中，为创新建立一个良好的思维模式，由一个动作联想到多个动作，或由一类动作想到其他类动作，或从连接方式的改变联想到其他项目的连接动作，这些都是创新的主要途径。此外，教练员应该学会捕捉瞬间灵感，因此，同样是培养与提高创新能力的重要环节。

③多向思维能力。多向思维能力是指善于从多方向、多角度思考问题和解决问题的能力，多向思维能力比单向思维能力更能够激发人的创造性。单向思维是指人们善于从单向性和固定点思考问题，这样容易造成思维惰性和僵化；而多向思维强调从事物的多角度、多层次、多方面和多方向去研究问题、认识问题，在逆向、侧向、发散等思维辐射中转移思路，寻找新的设想—在竞技健美操动作创新的过程中，多向思维的应用主要体现在对于动作进行多角度、多层次的理解，从多个方面分析难度技术，从逆向思维、侧向思维和发散思维等几个方面来思考动作路线和方向，从而对动作加以科学创新。

（2）提高竞技健美操的创新设计能力

让有价值的构思从想象变成现实，并能够让这个现实通过实践的检验，这样的能力就是创新设计能力。在现实中，许多人都会产生一些创意性的想法，甚至是相当有价值的新想法，但绝大多数都不能付诸实践，主要是因为缺乏完成的能力，也有的是其他原因所致创新完成能力是竞技体育创新能力的重要组成部分，在竞技健美操动作创新的过程中，创新设计能力主要包括教练员的组织和实施能力、运动员的实际能力。

以运动员的实际能力来说，是指当教练员构思好新的动作时，运动员的现有水平能否完成新难度动作的能力。这里所说的运动员的现有水平具体包括其身体素质、心理素质、难度技术水平等。所以，教练员在进行难度动作创新时，必须要对运动员的实际能力予以考虑，否则难度的设计将不具备实效性。

第三节 时尚健美操运动技能分析与教学

健美操运动现已成为深受人们喜爱的运动项目之一，同时也得到很好的开展和推广，并在不断发展中逐渐演变出一些新兴的、时尚的健美操运动项目，这些项目因其自身的特点受到广大群众的欢迎和喜爱，并在学校中有着广泛的师生基础。以下主要对时尚健美操的运动技能分析与教学进行指导，内容包括健身街舞、爵士健身舞、瑜伽、普拉提等项目基本动作的教学指导。

一、健身街舞

（一）健身街舞概述

开始时，街舞的动作都是美国街头舞者的即兴创作。这些街头舞者以黑人和墨西哥人居多，而美国纽约的布鲁克林区则是孕育美国流行街舞的地点。这些在街上娱乐、跳舞的黑人及墨西哥人，因为舞蹈发展风格的不同从而形成各自的派系。

街舞具有如下特点：

（1）街舞与大众理解的纯体育项目有着一定的区别

街舞的核心是体育健身，街舞的素材是流行舞蹈动作，这样的新兴运动方式彰显着时尚、活力、欣赏性和娱乐性。街舞不是传统意义上的体育运动项目。它是一项刚刚出现的运动项目，注重提升个体的身体素质，以新兴的舞蹈动作为基础，更好地体现出街舞时尚、活力的特征，并且能够提升运动过程中的趣味性和娱乐性。

（2）街头舞蹈将高度的风格化和多样化动作结合在一起

街舞最终的目的是适应不同风格的嘻哈音乐的动作，除了比较基础的动作和随意的感觉之外，还有多种的动作表现形式，对称工整的动作并不多，动作的变化也较为丰富，有助于街舞多样风格的形成。

（3）街舞给教师和学生提供更多的创新机会

在编排街舞的动作时，街舞老师从不同风格流派的嘻哈音乐中获得创新的灵感，更好地进行动作上的编排。在学习过程中，学生不仅要对街舞的基本动作进行学习，而且自己还能对一些动作进行创新的改变，比如，运用手臂、躯体等部位的变化，在一定框架内进行动作的创新，尽情地发挥自己对街舞的理解。

（二）健身街舞分析与教学

1. 健身街舞基本动作分析与教学

对于街舞来说，基本动作是其核心，只有对这些基本动作加以熟练掌握，再进行相应的组合和运用，便能够创造出难度不同、风格不同的街舞。街舞基本动作包括上肢动作、下肢动作、躯干动作和地面动作等。上肢动作主要有手臂的摆动、举、屈伸、环绕、波浪等；下肢动作主要有原地的弹动踏步、点地、转体、移动、移动跳等；躯干动作主要有左侧屈、右侧屈、前屈、后屈、左转、右转、绕环；地面动作主要有蹲、跪、撑。

2. 健身街舞组合动作分析与教学

（1）健身街舞组合动作

①第一个8拍。步伐：1、2拍右脚尖点地两次，3拍右脚向前迈一步，4拍左脚跟上成两脚并立，5拍右脚侧点地，重心改变，6拍收回右脚，左脚侧点地，7拍同5拍，8拍右脚收回成并立。

手臂：1、2拍右手向侧响指两次，3拍双臂微屈上举，4拍双臂放下后抬起。

5、6、7拍微屈至身体两侧，8拍双臂斜上举。

手型：1、2拍响指，3—7拍放松半握拳，8拍出双手食指。

面向：1—6拍1点，5、7拍8点，6拍2点，8拍1点。

②第二个8拍。步伐：1拍两脚开立半蹲，右肩侧顶，2拍同1拍反方向，3拍肩带胸顺时针绕环，4拍左脚抬起，5拍左脚脚跟点地，6拍收左脚出右脚跟点地，7拍转身180度，8拍抬双肘。

手臂：1—7拍自然垂下身体两侧，8拍抬起至腰间。

手型：1—7拍自然放松，8拍握拳。

面向：1—3拍1点，4—6拍3点，7、8拍7点。

③第三个8拍。步伐：1、2拍脚不动，转体，3拍右脚向前迈一步，4拍左脚跟上成并步，5拍左脚向后迈一步，6拍转身180度，7拍右脚向后迈一步，8拍转身180度。

手臂：1、2拍两次侧抬肘部，3拍左手微屈出，4—8拍自然摆动。

手型：半握或自然放松。

面向：1—5拍1点，6、7拍5点，8拍1点。

④第四个8拍。步伐：1拍右脚跟前点，2拍左脚跟前点，3拍右脚前半步，4拍双脚跟向前转动后收回，5拍右脚向后一步，6拍左脚向后一步，7拍跳跃换脚，8拍左脚向前成并脚。

手臂：1—3拍自然放松，4拍向前抬肘并收回，5、6拍自然放松，7拍从后向前抡右臂，8拍自然放松。

手型：自然放松。

面向：1点。

（2）健身街舞组合动作二

①第一个8拍。步伐：1—4拍侧并步一次，5拍右脚前踢并落在正前方，6拍脚跟向前转动并收回，7、8拍同5、6拍。

手臂：1拍左手胸前，右手侧上指，2拍反方向指一次并还原，3拍轻拍左膝然后向右指，4—8拍自然能摆动。

手型：1—3拍出食指，4—8拍自然放松。

面向：1点。

②第二个8拍。步伐：1拍右脚向后迈一步，2拍左脚向后迈一步并收回右脚，3拍开立半蹲，4拍并脚站立，5拍踢左脚，6拍踢右脚，7拍并脚或交叉站立，8拍开立半蹲。

手臂：1拍放松，2拍微屈向上并手心向上，3拍两侧抬肘，4拍举右臂，5拍伸右臂，6拍自然下放，7拍右臂上举，8拍右手摸地。

手型：1—8拍自然放松。

面向：1、2拍1点，3拍3点，4—8拍1点。

③第三个8拍二步伐：1拍双脚交叉，2拍转身，3拍右脚后撤一步，4拍左脚收回，5拍右脚向侧迈一步、6拍左脚同，7拍同5拍，8拍左脚收回。

手臂：1—4拍自然放松，5拍向左侧上举，6拍右臂相反方向，7拍两手向左指，8拍向右指再回到7。

手型：1—4拍自然放松，5—8拍出食指。

面向：1拍2点，2拍8点，3拍2点，4—8拍1点。

④第四个8拍。步伐：1、2拍拍右、左脚依次向后迈一步，3拍同1拍，4拍左脚脚跟点地，5拍左脚向前迈一步，6拍右脚向左脚前交叉，7拍转身，8拍收脚站立。

手臂：自然摆动。

手型：自然放松。

面向：1点。

（3）健身街舞组合动作三

①第一个8拍。步伐：1拍右脚右侧点，2拍左脚反方向同1拍，3拍同1拍，4拍右膝跪地左脚向左伸出，5拍、6拍重心向左上侧移动，7拍、8拍右、左脚依次向左迈一步脚跟点地。

手臂：4拍左手扶头，右手撑地。

手型：自然放松。

面向：1—3拍1点，4拍8点，5—8拍7点。

②第二个 8 拍。步伐：1 拍左脚向右一步，2 拍右脚向后，同时重心向右平移，3、4 拍原地交叉，5 拍双脚并立，6 拍开立半蹲，7 拍拍手，8 拍双脚并立。

手臂：1 拍自然摆动，2 拍挥右臂向左指，3—6 拍自然摆动，7 拍拍手两次，8 拍双臂斜上举。

手型：1—7 拍自然放松，8 拍出食指。

面向：1—4 拍 7 点、5—8 拍 1 点。

③第三个 8 拍。步伐：1—2 拍右脚左踹后落地，3—4 拍左脚右后交叉，还原。

5—6 拍左脚向左迈一步，右脚左踢，7—8 拍右脚落地并左脚。

手臂：1—4 拍上下摆动，5—6 拍双手经后至前交叉，7—8 拍击掌。

手型：半握拳。

面向：1 点。

④第四个 8 拍。步伐：1—2 拍左右脚依次迈步，3—4 拍左脚原地踏步，右脚并左脚。5—6 拍右脚前、后迈步，7—8 拍右脚点地，屈小腿。

手臂：1—6 拍前后自然摆动，7—8 拍双手侧平举后至右手扶脑后，左手扶右脚跟。

手型：1—6 拍半握拳，7—8 拍放松打开。

面向：1 拍 7 点，2 拍 5 点，3—8 拍 1 点。

二、爵士健身舞

（一）爵士健身舞概述

爵士舞是一种多层次的舞蹈表演形式，结合了芭蕾舞、现代舞、非洲舞、音乐剧舞蹈、社交舞蹈等舞蹈形式。发展到当今的爵士舞形式，已经融合了嘻哈舞蹈和街头文化音乐等元素，创造出一个风格多样的舞蹈类型，并且具有自己独特的艺术和舞蹈方向，爵士芭蕾、拉丁爵士、抒情爵士和商业爵士都是其中的一个种类。

（二）爵士健身舞分析与教学

1. 爵士健身舞的动作要素与表现

用屈膝下蹲的方式，使身体重心与地面靠近。以保持低重心的方式，增加下肢的柔韧性，同时放松上半身的各个关节，每个节拍对应不同的动作，丰富整个舞蹈的表现形式。快速移动身体重心，特别是要注意身体的水平移动。保证身体每个部位都能够得到单独且充分的活动，如头部、肩部、腰部、臀部、躯干的运动。突出动作的线条性，保持角状体态。对每个动作做分割处理：根据节奏切分复杂性动作，可以充分展现动作中的韵律。以一个动作为例，头部或手部的动作占节拍中的重音部分，做动作时，可以对头部和手部的动作做分割处理，与身体动作分开进行，也就是将一拍分割成几拍，将一拍内可以完成的动作，分割成几个部分。节奏的多样化，使身体通过两三个韵律迅速表达出想要完成的动作。

2. 爵士健身舞组合动作分析与教学

（1）第一个8拍

第1—2拍：身体转向八点钟方向，眼睛看向一点钟方向，重心放在左腿上，迈出右脚，双肘微屈，双臂放于身体两侧；身体转向两点钟方向，眼睛看向一点钟方向，左脚向右脚前迈出一步，双手自然下垂在身体两侧；身体回到正点方向，左腿位于右腿前，双臂与肩平齐，双手握拳，双肘架于胸前。

第3—4拍：身体转向八点钟方向，眼睛看向一点钟方向，右脚向左脚方向迈出一步并落于左脚之前，双手手背相对，从后脑勺方向移动至头顶。

第5—8拍：左脚脚尖点地，左腿伸直向左迈出一步，重心从右腿移到左腿上，右脚脚尖点地，右腿膝盖微屈，双臂从头上下落，与肩平行，双肘微屈，左手手臂向内，成锐角，右手手臂向外，成钝角，左手向上举起然后缓缓落下至与肩平齐，肘部微屈成90度，右手自然下垂于大腿外侧。

（2）第二个8拍

第1—4拍：右腿先向左腿方向靠拢，然后左腿位于右腿膝盖前，左脚向身侧踢出后落地，双腿屈膝，双脚踏步，在身体扭动的过程中，左手缓缓下落，双手经身体两侧缓缓上举，到达肩部后打开，举至头顶上方，上身前倾，下颌收紧，双手指尖与地面接触。

第5—6拍：起身正对两点钟方向，眼睛看向一点钟方向，双腿向右侧方向做出弓步，举起右手在空中画圈后再次落下，左腿向右腿后方移动，双手扶着胯部，脚下踏步；身体转向对八点钟方向，眼睛看向一点钟方向，双腿于左侧方向做出弓步，举起左手在空中画圈。

第7—8拍：右腿靠向左腿，双膝微屈，脚尖点地，落下左手，举起右手使其高于头顶，右手掌心朝向前方，臀部上翘。

（3）第三个8拍

第1—4拍：头部偏向右侧，抬起右腿，双手呈握拳状，左手在身体前，右手举过头顶，双肘微屈；头部偏向左侧，双手松拳为掌，左手位于胸前，肘部微屈，掌心向上，右手位于肩侧，肘部微屈，掌心朝下；身体转向两点钟方向，眼睛看向一点钟方向，重心放在右腿上，左腿向身旁迈出一步，脚尖点地，再靠近右腿，脚尖点地，膝盖微屈，右手覆于胯上，左手侧平举，下落，同样放在胯上。

第5—8拍：身体转向八点钟方向，眼睛看向一点钟方向，左腿位于右腿前，左脚脚尖点地，双手手背相对，举于头顶上方；右脚向左脚前方迈出一步，双手落下，并在身体两侧打开，下压手腕，双手手掌朝向地面；身体转向两点钟方向，眼睛看向一点钟方向，右腿位于左腿前，双手手背相对，举于头顶上方；左脚向右脚前方迈出一步，双手落下，并在身体两侧打开，下压手腕，双手手掌朝向地面。

（4）第四个8拍

第1—4拍：身体转向一点钟方向，右腿向身体侧方位迈出一步，右脚脚尖点地，双腿分开略宽于肩，双手呈虚握状举于头顶之上，右腿朝着左后方向后退一步，右脚脚尖点地，眼睛看向七点钟方向，左手背后，右手屈肘于胸前；该动作再向相反方向重复一遍。

第5—8拍：左脚向右脚前方迈出一步，右脚向前踢腿，跟随腿部运动，双手随意摆动；在右脚位于左脚前方时，脚下踏步，踮起左脚脚跟，双手举于头顶上方，手背相对；第8拍，前倾上身，下身屈膝下蹲，双手指尖触摸地面。

（5）第五个8拍

身体缓缓站起，将重心放在左腿上，右腿膝盖微屈，左脚脚尖点地，身体随着右脚脚尖方向的改变分别转向八点钟和一点钟方向，与此同时，双手可以随意摆动。

（6）第六个8拍

第1—4拍：右腿位于左腿前，脚下踏步，左手抬起伸直、手心向下，右手侧平举，掌心同样向下，两手成90度；身体向逆时针方向旋转一周后，回到初始状态；右手先打一个响指，随即左脚上前，然后，左手再打一个响指，右脚再上前。

第5—8拍：将左右手先后举过头顶，手心向外、手背合拢，然后右腿提起膝盖呈90度弯曲，手肘微屈双手握拳向下拉伸；向肩两侧打开双手，同时右脚落地，掌心朝向地面，接着身体逆向旋转一圈，右手绕头部一周后回到准备姿势状态；双腿张开与胯同宽，双手再次回到握拳状态，于胸前端平左手，同时右手屈肘于肩前，张开双手掌心放于大腿处。

（7）第七个8拍

第1—4拍：肩膀向右送出，微微握拳，然后将身体回正，胸部放松，浅含，之后再向左送肩；将右腿踢到身体侧方，双臂掌心朝下在肩膀两侧打开。

第5—8拍：左脚位于右脚后，双腿屈膝，左脚用脚尖点地，双脚状态为歇步，左手抻直于身体前立起手掌，右手肘弯曲。左手手臂与前臂相交，双手相贴手心朝外；向右偏头，胯部向后；向左偏头，左手轻轻抬右手，胯部向左；头部回正，90度屈膝上抬右腿，将右手置于臀部，左手举起高度高于头顶，掌心向左。

（8）第八个8拍

第1—4拍：向七点钟方向转身，双腿成左弓步使右脚着地，右手臂于胸前弯曲手肘同时虚握右拳，左手在身体侧落下；于反方向继续重复此动作。

第5—8拍：向一点钟方向转身，目视七点钟方向。左腿膝盖弯曲于右腿前落下，此时右腿保持跪地姿势，左手在身体一侧落下，右手肘弯曲于胸前握拳；目光转向一点钟方向，向身体一侧打开左腿，将左手掌心向左举过头顶，右手伸直于身体下侧；将右腿移至左腿后，此时在身体后方打开双手。

（9）第九个8拍

第1—4拍：将重心放至左腿站起、接着向两点钟方向转身，眼睛看向一点钟方向，再将重心移至右腿，使左腿膝盖弯曲，以脚尖点地，同时，双手手背相对由身后举过头顶至体前。

第5—8拍：先翘起臀部，再收臀。

（10）第十个8拍

第1—4拍：向八点钟方向转身，眼睛看向一点钟方向，先后迈出左右两脚各一步，同时将左右手先后屈肘伸出身体前，以左手在上、右手在下的姿势保持双手交叉；向一点钟方向转身，向左扭上半身，身后的左腿移动到体侧，分立双腿略大于肩宽，右脚点地，成90度弯曲左手肘于体侧，此时掌心向上；向右边扭动上半身，左脚点地，成90度弯曲右手肘于肩侧，成90度于体侧弯曲左手肘，掌心依然保持向上。

第5—8拍：逆时针方向旋转身体360度，先将身体面向七点钟方向，眼睛看向一点钟方向，双手放置在身体两侧，手微微握拳；上半身扭向一点钟方向时，将拳松开，然后再向七点钟方向转身，目视五点钟方向，双手掐腰；再向三点钟方向转身，右腿置于左腿之前，左脚点地，双手掐腰；再向一点钟方向转身，右腿放在左腿前，左脚脚尖触碰右脚脚尖。

（11）第十一个8拍

第1—2拍：向八点钟方向转身，眼睛看向一点钟方向，将重心置于左腿，右腿膝盖弯曲，膝盖方向与目光方向保持一致，脚尖点地，右手拍打右胯；向一点钟方向转身，左右腿一前一后，将右手举过头顶位置，保持掌心向前。

第3—4拍：放下右手使手肘于胸前弯曲，手掌贴在左肩膀上，然后左手也做同一动作；双腿打开站立，向肩两侧打开双臂，掌心立起，返回准备姿势。

第5—8拍：向体侧打开左腿伸到右腿后方，轮流将左右手在肩侧处伸直，立起掌心，另外一只手掐腰；重复这个动作；接下来向七点钟方向转身，重心重回左腿，右腿膝盖弯曲，脚尖点地，膝盖朝向六点钟方向，将左手放在身体后方，右手绕到脑后，然后在腹部左侧落下右手，眼睛看向五点钟方向。

（12）第十二个 8 拍

第 1—2 拍：眼睛看向一点钟方向，保持左手静止不动，将右手向身体下侧伸够，手腕翻转使手心对准前方；移动重心到右腿，左腿膝盖弯曲用脚尖点地，右手掌心朝上于身体侧方屈肘，方向向上。

第 3—4 拍：眼睛看向七点钟方向，右腿脚尖点地膝盖保持弯曲，重心在左腿上，右手肘向上弯曲于体侧，此时手背朝下。

第 5—6 拍：与 3—4 拍的动作相同。

第 7—8 拍：向一点钟方向转身，一边摆手的同时，从左脚打头向前方迈出三步；跨出左脚，则右手置于身后，左手肘弯曲手握拳置于体前；左右手脚反之亦然。

（13）第十三个 8 拍

第 1—2 拍：右脚向前迈一步之于左脚前方，先后分别将右手及左手举过头顶，使手心向外手背贴合；90 度弯曲右腿膝盖并提腿，保持双手的握拳状态，下拉弯曲的手肘。

第 3—6 拍：当左脚落于右脚后时，向肩两侧打开双手，使掌心朝向地面；伴随着左脚向前迈一步，在右脚前面着地，身体转向两点钟方向，眼睛看向一点钟方向，左手移动到肩膀前，将右手绕头部后方；转过身体朝向七点钟方向，重心位于左腿，右腿弯曲膝盖，并用脚尖点地，双手掐腰；向一点钟方向转身，两腿分开略大于肩宽，左手在胸前水平端起，屈右手肘并成拳状在左手手背上落下，双手之间保持 90 度。

第 7—8 拍：两手置于大腿上并屈膝、双手撑地为接下来的俯卧撑做准备。

（14）第十四个 8 拍

做俯卧撑。

（15）第十五个 8 拍

同第十四个 8 拍。

（16）第十六个 8 拍

第 1—4 拍：两腿跪地，双手逆时针绕头顶一周，眼随手动。

第 5—8 拍：抬头，双手相握于头顶，上身后倾，双手落于两腿之上。

三、瑜伽

（一）瑜伽的历史

瑜伽起源于印度，后在全世界流行。瑜伽一词从梵文"Yoga"翻译而来，其原意是"人与自然应该达到和谐、一致、统一和联系的关系"。它的最终目标是通过调理气息、安静休息等锻炼方法使身体和心灵都达到最均衡的发展水平，让身体和心灵都能获得平静和稳定的状态。

瑜伽从印度走向世界，始于19世纪60年代。今天，瑜伽作为人类精神遗产被重新得到重视，它对人体的各个方面，如生理、心理、精神、情感等都起到良好的作用，并将其作为一种健康有效的健身运动而风靡全世界。

（二）瑜伽练习的特点

1. 集中注意力，调整呼吸

瑜伽的动作系统中包括一些瑜伽的姿势、瑜伽洁净功法、瑜伽松弛功、超脱于心灵功、瑜伽冥想的方法、调整气息的方法、收束法和契合法、瑜伽语音冥想等。然而，瑜伽不仅仅是一种动作和姿势练习的过程，同时，还是一种实现身体与精神相结合的状态，在一个美丽、安静的环境中调节自己的状态，并专注于这种练习在身体中产生的变化，这是瑜伽最为突出的一个特质。

2. 抛弃杂念，净化心灵

冥想是瑜伽练习的重要组成部分，冥想就是在排除杂念后，沉思、静虑的过程。瑜伽要求练习者在练习的过程中要抛开一切世俗的顾虑，让自己的内心获得平静，消除外界的干扰，清空大脑，释放消极的情绪，在身体和心灵的发展中创造平衡与宁静的状态，使内心深处更容易接受思想、感觉、灵感和创新意识，从而实现个人和宇宙意识的完美结合，启迪他们内在的能量，获得最大程度的启蒙和最大的快乐，这也是瑜伽另一个积极的作用。

3. 结合自然，愉悦身心

瑜伽的本质是达到天人合一的状态，这就要求练习者要沉浸在大自然的环境中，在大自然中获得新鲜的空气，并认真观察大自然中动物的行为，模仿它们特有的姿势,并通过练习瑜伽的方式了解动物身上具备的神秘力量和它们的自然治疗能力,以提升人类身心的健康水平。这样一来,身体在做完瑜伽后不仅可以感到舒适,而且还会感到一种轻松愉悦的情绪。

4. 安全有效,方便易行

瑜伽的一些姿势从运动学的规律来看是反关节的练习,是不利于健康的违例动作,但瑜伽姿势要求动作做得缓慢、用力均匀、步骤分明,每做一个练习都是放松有控制的,是以自身能承受的角度、幅度、力度进行练习,不超出自身的极限,没有强迫性,从而将伤害减小到最低限度。另外,瑜伽练习不需专门的器械和场地,只需保持空气流通、新鲜,周围安静即可,非常便于练习。

(三)练习瑜伽的原则

任何运动前都应做热身操,以避免运动损伤。选择轻松、优雅的音乐,并配以愉悦、平和的心情进行练习,才能达到预期的效果。每个瑜伽的动作都不能够完成地太快,需要顺应着呼吸的规律使用深呼吸的方式,练习者的身体和心灵都会得到放松和愉悦。练习瑜伽时,要将自我的意识延伸到获得锻炼和放松的身体部位上,心中要摒除杂念,不能说笑,否则会让自己的意识不够专注。练习时不要逞强,锻炼的动作应该在自己能够做到的范围内,肢体应该伸展开,在获得拉伸感的基础上,保证每个动作都能让自己放松下来。每完成一个瑜伽的动作之后,应使用"无空式"的动作让自己的身心都松弛下来,并深呼吸几次。完成全部的动作之后,进行"无空式"的动作保持 10～15 分钟,来放松瑜伽动作导致的身体上的紧张,提升练习者进入松弛状态的速度。

(四)瑜伽呼吸法

瑜伽的练习者有这样的一种观点,人类的生存和发展依赖于宇宙的能量,在包括空气、阳光、大地、水和食物在内的所有生命元素中,空气是居第一位的。

1. 胸式呼吸

气息的吸入,局限于胸腔区域,气息较浅,这种呼吸适宜做针对性较强的动作。

做法：站着或伸直背坐着，注意力集中于肺部，缓缓吸气，感觉自己的肋骨向外扩张，气息充满胸腔，保持腹部的平坦；缓缓呼气，放松胸腔，将气呼尽。

2. 腹式呼吸

气息的吸入，局限于腹部区域，气息较深，让横膈膜下降较为充分。

做法：更多地注意腹部，缓缓吸气，感觉腹部被气息充分膨胀，向前推出，胸腔保持不动；缓缓呼气，横膈膜上升，腹部慢慢地向内瘪进。

3. 胸腹式呼吸

胸腹式呼吸又称自然完全的呼吸。自然完全的呼吸能够提供给身体最充足的氧气，使血液得以净化，并能将体内的浊气、废气、二氧化碳最充分地排出体外。这种呼吸能够温和地按摩腹脏器官，促进其机能，增加体内循环，防止呼吸道的感染，更重要的是能让心灵清澈。

做法：缓缓吸入气息，感觉到由于横膈膜下降，腹部完全鼓起；随后，肋骨处向外扩张到最开的状态，肺部继续吸入氧气，胸腔完全张开，胸部上提；吸满气后，缓缓地呼出，放松胸腔，将胸部的气呼出，随后温和地收紧腹部，腹部向内瘪进去，感觉肚脐贴后背，将气完全呼尽为止。

现代医学领域的相关研究表示，节奏缓慢、有规律的深呼吸可以增加身体中碱性物质的水平，同时还能提高心率和促进血液循环，为身体提供更多的养分，将氧气和营养物质带到身体需要的地方，保持身体的健康。另一方面，通过深呼吸和出汗的方式，身体中积攒的各种废物和毒素都会排出，促进身体内部酸性物质的排出，促进身体内化学物质状态的平衡。

（五）瑜伽的身体各部位练习

1. 腹部练习

通过对腹部的瑜伽练习，可促进肠道里蠕动、加强腹部的力量，减少多余的脂肪。下面来简单介绍下瑜伽腹部练习的基本方法：

躺在地面上吸气，单腿弯屈，双手抱住腿；抬起上身，下颚触膝，尽量呼气；吸气落下，反方向再做；之后双腿同时弯屈，每个动作重复4—6次。

躺在地面上吸气，上身抬起，两臂前伸，同时两腿离开地面上抬，保持2—

3次呼吸，吸气慢慢落下，手放腿的两侧，重复2—3次。

2. 肩部练习

两指尖轻轻点肩上，两肘向前绕圈，由小圈过渡到大圈，绕12圈；两肘向后绕圈，由小圈过渡到大圈，绕12圈。

两指尖轻轻点肩上，吸气，手背在头后相对；呼气，手背分开两肩下沉。重复12次。

两指尖轻轻点肩上，吸气两肩向内含；呼气挺胸。重复12次。

两膝跪地，同时两脚分开，臀在两个小腿中间；吸气，双手上举两手相交；呼气，一只手臂弯曲肘关节向上，手在头后，另一只手从身体后上屈，抓住头后的手，之后反方向；每个方向重复3—4次。

两腿开立半蹲，两臂体前绕环12圈；两臂向后绕环12圈，呼吸配合手臂。

3. 胸部练习

胸部练习可纠正驼背和两肩下垂的不良体态，有助于发展胸腹部和喉部，神经系统得到改善，加强血液循环。

坐地面上，双腿伸直，两手侧撑在身体两侧，吸气时胸腹向上抬起，头自然放松，重复2—3次。

跪地，吸气胸腹向上，脊柱后弯；呼气手掌压在脚掌上，自然呼吸，保持5—10秒，然后吸气慢慢还原，重复2—3次。

仰卧，慢慢把头上抬，头顶着地，背部伸直颈部吸气双腿上抬，双手合掌，撑起，正常呼吸，保持5—10秒，慢慢还原，重复2—3次。

跪撑，两肘撑地弯曲相抱，呼气，下颚、胸部下沉向地面，同时臀部上提，保持正常呼吸；慢慢吸气，臀部后坐，重复2次，每次保持30—60秒。

4. 脊柱练习

使脊柱更加柔韧，更加灵活，伸展脊柱，增加脊柱中的血液流动，对腹部起到按摩的作用，对消化和排泄有好的效果，促进肠脏的自然蠕动。

跪撑，吸气，整个脊部上拱，低头，收腹；呼气，背部下塌，头上抬，臀上伸，腰放松，重复10—12次。

跪撑，吸气低头，右腿收到腹前；呼气抬头，右腿后伸上抬重复10次，之后换左腿,每个方向重复2—3组。

身体站直,吸气两腿分开,两臂侧平举;呼气身体右后转达,同时右手放在腰后,左手扶在右肩上,保持呼吸;吸气身体转正,两臂放下,之后反方向。

身体坐直,两腿伸直,左膝弯曲,左脚在右腿外侧,吸气;右手臂交叉在右腿外侧,手撑地,左手在臀后撑起,脊柱直立,呼气;上身向左后扭转,在最舒服的位置停住,保持缓慢的呼吸;吸气身体转回还原,之后反方向,每个方向重复3—4次。

身体坐直,两腿伸直,左腿弯曲;吸气,左手抓住右脚;呼气,身体和头向右后扭转,右手放在腰背后,保持呼吸;吸气还原,之后反方向做,每个方向重复2—3次。

5. 头部练习

增加流向头部的血流量,滋养面部和头皮,使腹内脏器官受到挤压,促进腹部排泄功能,对整个脊柱神经系统极为有益。注意不要使肌肉过分用力。

跪坐,身体向前弯屈,把前额放在地面上,两手在腿的两侧;呼气臀部慢慢抬起,大腿与地面垂直。头部和颈部承受身体一定的重量,保持正常呼吸,停20—30秒;慢慢吸气,臀部坐在脚跟上。重复2—3次。

平仰卧,吸气收腹,双腿上抬慢慢下压,呼气两腿自然下沉;双手撑住腰部,臀部上抬,慢慢双手放在地面上,停住,保持正常呼吸,停20—30秒,吸气慢慢还原,重复2—3次。

平仰卧,吸气收腹,双腿上抬,双手托起腰部,两肘关节撑住地面,使双腿向上伸,慢慢伸直躯干,保持1分钟左右;慢慢吸气放下背、腰、腿,身体躺平。重复2—3次。

6. 平衡练习

可以改善体态,提高身体平衡稳定能力,使内心平静,加强腹部器官的收缩,强壮双腿。

站立,右腿弯曲放在腹股沟上,吸气双手上举,手心相对;呼气左腿弯曲,两臂侧举,保持正常呼吸,腿慢慢放下。再反方向做,重复2—3次。

站立,右脚后点地,双手上举,手心相对,吸气手臂向前伸同时右腿上抬,使手臂、臀、腿保持在一个平面上,正常呼吸;吸气慢慢起上身,腿落下,再反方向做。

双腿开立,手臂侧平伸,右脚尖向右转45度,右腿弯曲,右侧身体向右腿靠,右手慢慢撑地,同时左腿侧抬,左手向左脚方向伸;吸气慢慢还原,之后反方向做,每个方向重复2—3次。

7. 髋、腹部练习

有助于消除肠道中气体,使骨盆中的血液流通,使髋部灵活。

两腿前伸,另一只腿弯曲,脚掌贴于大腿内侧,膝关节下沉,反方向做,重复3—4次。

双手抱起一条腿,靠近胸部,保持正常呼吸,停20—30秒,反方向做,每个方向重复3—4次。

吸气,腿向内转,呼气向外,重复3—4次。

身体躺平,两腿弯曲离开地面,两腿依次向下做蹬自行车动作,再反方向做,每个方向15—20次。

身体躺平,单腿上抬,顺时针做画圈运动,再逆时针方向做,每个方向12次。

身体坐直,两脚向对撑,吸气头向上,脊柱立直;呼气身体向前压,保持呼吸,停20—30秒,重复2—3次。

8. 腿部练习

腿部的伸展,每个姿势保持20—30秒,吸气时腹部向外,呼气时腹部向内收,在停顿中体会身体伸展的感觉。

分开腿慢慢蹲下,身体前屈,手放在两脚底之下,保持自然呼吸,两腿伸直,停20—30秒慢慢还原,重复2—3次。

坐在地面上,伸直双腿,吸气双手相对上举,呼气身体下压,手抓住小腿,身体放松,保持正常呼吸,停20—30秒,吸气的同时抬身,重复2—3次。

坐地面上,右腿弯曲,脚掌紧贴右腿内侧,吸气双手上举,呼气身体下压抓脚,头上抬,让腹部紧贴左腿,正常呼吸,吸气慢慢抬起身体,反方向做,每个方向重复3—4次。

坐在地面上，两腿分开，吸气两手侧举，呼气身体下压，两手抓住脚踝，正常呼吸，吸气慢起，重复3—4次。

站立，双手在身体后相交，吸气抬头挺胸，呼气身体向前弯曲，头向腿方向贴，双手上抬，正常呼吸，停20—30秒，吸气慢慢抬身，重复2—3次。

跪撑，吸气臀部上抬，呼气肩下压，腿伸直，脚跟向地面沉，正常呼吸，停20—30秒。吸气还原，重复3—4次。

9.腰背练习

每个姿势做到最舒服的位置，每次只做一个背部姿势（下移到第4个动作后），使整个背部得到充分的锻炼和伸展，加强背部的力量，同时可保护腰部，消除轻微的背柱损伤。

两腿开立，吸气双手向头上伸十指相交，呼气身体前屈，两眼注视手背。吸气身体向右转动，呼气身体转向左侧，重复4—6次，吸气身体上起、立直。

两腿分开从在地面上，吸气两臂侧举，呼气身体向右后扭转，左手指尖触右脚趾，吸气转正呼气反方向，重复4—6次，眼睛注视后手。

趴在地面上，两臂在身体两侧，吸气头抬起身体上抬，头、肩、胸离开地面，保持正常呼吸，停30—40秒，吸气抬身，重复4—5次。

跪撑，手臂伸直，吸气下颚带动身体由下到上移动，身体向上时呼气。双手上撑身体，保持呼吸之后按原路线吸气撑回来，重复4—5次。

趴在地面上，双手抓住脚踝，吸气，头和脚同时上抬保持正常呼吸；呼气慢慢放下。重复2—3次。

趴在地面上，双手撑地身体上起，吸气头上抬，同时弯曲双膝，自然呼吸；呼气慢慢还原，重复2—3次。

趴在地面上。吸气头和腿同时上抬，双手在背后、十指交叉，停住正常呼吸；呼气慢慢还原，重复3—4次。

趴在地面上，双手在额头下，吸气右腿上抬，呼气右腿向左侧压，眼睛从左侧看右脚，停10—20秒，吸气慢慢还原，反方向做，重复2—3次。

四、普拉提

(一) 普拉提的历史

普拉提 (Pilates) 运动是以它的创始人约瑟夫·普拉提 (Joseph Pilates) 的名字命名的，它是一种舒缓全身肌肉及提高人体躯干控制能力的练习形式。普拉提运动融入西方身体肌肉和机能训练的"刚"及东方强调身心统一的"柔"，不受场地限制，不拘泥于动作，加上其伸张肌肉、腹式呼吸，能够使练习者身心获得适当协调的有氧锻炼。同时，普拉提是静态的，它讲究呼吸协调，可以边练习边听优美柔和的音乐来进入冥想境界。普拉提的练习是基于呼吸和运动的协调运用，强调呼吸对身体状态所产生的作用。

(二) 普拉提的功能

1. 改善肢体的柔韧性，纠正不良姿势

普拉提可以使身体变得平滑、柔软、匀称、优美，增强身体的敏捷度，同时还可以帮助改善因长期不良姿势而造成的背部疼痛。拉伸练习属于普拉提训练的一个重要组成部分，它建立在一些瑜伽动作的基础上，但通过在不同的姿势和姿势的变化对瑜伽的动作进行了创新，从而在原本塑形的基础上也强化了身体的肌肉和器官的发展。

2. 增强肌肉力量，塑造优美体形

普拉提强调静止中的控制过程，使练习者在增强肌肉力量的同时并不增大肌肉的体积，最终使肌肉充满弹性。它的运动强度不大但讲究控制、伸拉、呼吸，对腰、腹、臀等部位有很好的修饰作用。

(三) 普拉提的基本原则

1. 呼吸的原则

吸气时用鼻，呼气时用嘴，研究呼气的深浅，在呼吸的过程中最好使用腹式呼吸。

呼吸的速度应该保持在一个均衡的状态，动作的速度应该和呼吸的速度保持基本的一致，不能在呼吸不畅的情况下进行训练。

呼气是运动时的重点，吸气是在静止状态中应该注意的重点。使用这种方法可以减轻身体内部产生的压力，这种压力正是使用肌肉带来的。

通过对呼吸的过程进行控制，人的注意将会被转移到呼吸的过程中，人体对肌肉酸痛等问题也就没有那么敏感了。

2. 身体控制的原则

降低运动中动作的速度，对身体控制的时间延长，更能消耗身体中不同部位的热量，达到消除脂肪、塑造身材的目的。

纠正错误的身体姿态，使练习者在更长的时间段内体会到动作产生的作用。

腹部和躯干的稳定状态是普拉提练习的关键。

（四）普拉提的组合动作

1. 侧卧单腿划圆

方法：右侧卧，右臂屈肘，手掌托住头。左手置于胸腹前侧地面，起辅助支撑作用；双腿伸直并拢，收缩"核心部位"及臀腿肌肉；双腿屈膝，大小腿、大腿与躯干分别成90度角，收腹、收臀；将左腿抬升至骨盆高度，向体前垂直伸膝，勾脚尖，脚跟远蹬，伸展腿后侧肌肉和韧带；左腿以大腿根部为轴，整条腿做顺时针的连续划圈动作，保持自然呼吸。

要点：要保持躯干、骨盆的稳定；确保双肩膀和骨盆都垂直于地面；动力腿划圈时，保证是以其大腿根部为轴，速度一致，力度均衡，且要直膝、勾脚尖。

作用：塑造臀部及大腿肌肉线条。

2. 天鹅戏水

方法：俯卧，准备姿势同"单侧对飞"的准备动作；呼气，调动"力量库"的肌肉，将双臂、双腿正面及胸腔缓慢控制地抬离地面。伸展脊柱，此时头作为颈椎的延长线，双眼望地面，收腹、收臀；吸气，提升右臂和左腿，再快速换异侧完成此动作，像拍水一样；吸气拍5次，呼气拍5次。

（2）要点：不要屈肘和膝关节，四肢始终处于伸展状态；躯干与骨盆要稳定，臀部应夹紧；不要仰头也不要垂头；拍打"水面"动作应均匀有力，幅度应在 20 厘米左右。

（3）作用：令周身血液循环、心率加速，强化心肺功能；使体温快速升高，调动周身肌肉，锻炼肩、髋关节；促进躯干稳定性提高，改善四肢的协调能力；提升对脊柱的保护能力。

3. 侧卧横摆腿

方法：右侧卧，右臂屈肘，托住头部，左手于胸腹前伏地，起辅助支撑作用；双腿成"普拉提腿姿"，收缩"核心部位"及臀腿肌肉，整个身体侧向垂直地面；双腿向前移动 45 度角。再将左腿抬离右腿，至骨盆高度，仍维持"普拉提腿姿"；吸气，左腿水平向前摆动，伸展、直膝、勾脚尖，同时保持躯干与骨盆稳定；呼气，左腿水平向后摆动，伸展、绷起脚背。

要点：躯干和骨盆保持稳定且侧向垂直地面；动力腿应在骨盆高度上做水平摆动。

作用：加强"力量库"的肌肉力量；有益于身体平衡、控制能力。

4. 侧卧起身

方法：右侧卧，右臂屈肘，手掌托住头，左手于胸腹前扶地，起辅助支撑作用；双腿伸直并拢，左腿屈膝，大小腿成 90 度角，置于前侧地面，右腿直膝伸展。收腹、收臀，静止吸气；呼气，保持躯干和骨盆稳定，用右腿内收肌的力量，将右腿抬离地面，脚背放松；吸气，右腿缓慢回落地面；右臂伸直，右颊置于右臂上，身体其他部位位置不变。两肩上下垂直，收腹、收臀，右腿作躯干向下的延长线，静止吸气；呼气，骨盆保持稳定，用右腿内收肌的力量，将右腿抬离地面，同时腰侧肌肉将头和躯干抬离地面，右手辅助支撑，至左侧腰肌及右腿内收肌收缩到最大限度。

要点：左右肩膀上下垂直重叠；臀部夹紧，持续收腹。

作用：锻炼腰侧肌肉和大腿内收肌；改善腰部深层肌肉的结构；塑造大腿内收肌的形态。

5. 人鱼拍水

方法：俯卧，双手交叠，额头轻触手背，沉肩。"普拉提腿姿"，臀腿肌肉收缩，肚脐拉向腰椎，静止吸气；呼气，保证骨盆稳定，收缩臀腿肌肉，在双腿保持"普拉提腿姿"不变的基础上，抬离地面；双腿在直膝的基础上，快速完成上下拍水动作；吸气拍 5 次，呼气拍 5 次。

要点：放松肩膀，沉下肩胛骨，伸直膝关节；脊柱在自然中轴位置上伸展。

（3）作用：有助于改善扁平下坠的臀部形态，使臀部肌肉弹性加强；加强臀腿肌肉的练习；美化大腿肌肉线条。

6. 侧撑双腿夹球

方法：屈右肘侧撑，大臂垂直地面，小臂向斜外方 45 度角打开；左掌轻扶胸前地面，以加强平衡。双腿成"普拉提腿姿"，向远方延伸为躯干的延长线，骨盆与大腿侧面着地；吸气，调动"力量库"以保证躯干、骨盆的稳定及下背和腰部的安全，利用腰侧和腹内外斜肌的力量将左腿抬升至骨盆高度，并向远处延伸；呼气，右腿直膝缓慢地向左腿提升夹靠，于半空中双腿内侧并拢，保持"普拉提腿姿"，足跟相对；静止吸气。呼气时双腿同时回落。

要点：双腿做"普拉提腿姿"，下腿抬离地面时，主要利用大腿内收肌的力量；目视前方，颈部伸展，腹部收缩。

（3）作用：塑造和改善侧腰部肌肉形态；使腿的肌肉也得到锻炼。

7. 美人鱼式

方法：双腿并拢屈膝于身体右侧，双脚重叠使左侧臀部坐于垫上，右手握住右脚踝关节，左臂贴左耳并向上伸展，延伸脊柱，收腹；吸气，将左臂继续向上伸展并带动躯干延伸；呼气，躯干向右侧倾斜侧弯，左手像被一根绳子向身体的右侧拉动一样伸展，扩展胸腔，身体正面向正前方；吸气，将左手置于身体左侧，走最远路线收回，并将手掌置于左臀外侧，指尖向外，将右手经身体侧方提升至贴于右耳并向头顶延长线方向伸展；呼气，屈左肘，头颈位置不变，耳垂远离肩膀，右臂紧贴于右耳，将躯干向左倾斜，右臂、脊柱同向伸展；吸气，将身体带回坐姿。

要点：抬升的手臂贴近同侧耳朵；注意收缩腹肌以维持动作的正确有效；双

腿保持重叠，而且上下要整齐。

作用：增加脊柱的弹性；拉伸躯干两侧的肌肉；改善脊柱侧弯现象，恢复正常体态。

8. V 字平衡发展

方法：坐姿，收腹，挺拔脊背，双腿屈膝并拢，大腿正面拉向腹部，脚尖轻触地面，双手分别握住两脚踝关节外侧，静止吸气；呼气，躯干微微后倾，在腹部及大腿肌肉的主动控制下，将脚尖缓慢、有控制地抬离地面，至小腿水平地面停住；吸气，保持躯干的平衡稳定，双腿在半空分开，至双膝间的距离与胸廓同宽停住；呼气，双腿于半空中并拢回复至动作呼气；吸气，将左腿在骨盆的宽度内，直膝向上伸展，与地面成 45 度角，呼气时左腿回复至水平地面位置，之后右腿重复左腿的动作。

要点：保持脊柱挺拔延伸；重心落在尾骨上，躯干、骨盆稳定；双手只起到辅助平衡的作用；双腿于半空中屈膝并拢时膝关节不要分开。

作用：改善身体平衡能力；锻炼腹横肌和叉腰肌。

9. 侧撑展体

方法：侧卧，眼望前方。右臂屈肘撑于垫上，小臂向斜外方 45 度角打开，将躯干推离地面，双腿上下重叠并拢后左腿屈膝，小腿垂直地面，左脚掌置于右膝前方，左臂水平地面向右脚尖伸展；扩展胸腔，骨盆及右腿侧面着地，收腹收臀，静止吸气；呼气，收缩"力量库"的肌肉，将骨盆抬离地面，同时将左臂垂直向上伸展，收腹、收臀；吸气，左臂向头顶方向伸展；呼气，左臂向左腿外侧贴近并伸展。

要点：不要将重量都压在承重臂上；要收紧"核心部位"及臀部肌肉。

作用：加强腰侧肌肉能力，紧实腰侧肌肉；会使腰围变小，有益于形体；发展手臂力量，"核心部位"肌肉的整体能力也随之增强。

10. 云端超人

方法：俯卧，脊柱伸展，胸部稍抬起，脸颊水平地面，头作为颈椎的延长线，双手掌心向内，贴于躯干两侧。双腿在"普拉提腿姿"的基础上，分别向两侧分开至骨盆的宽度；吸气，耸起肩膀向耳垂靠拢贴近；呼气，将双腿稳固牢靠地贴于地面的基础上，肩膀向后、向下绕环至远离耳垂的位置，手臂及双腿同时用力向后伸展，胸部抬离地面；静止吸气。呼气，还原。

要点：避免仰头，眼睛看向地面；胸腔扩展开，不要将双手于后腰处抓紧，保持手臂抬高的力量主要源于肱三头肌和三角肌；不要出现一手臂高、一手臂低的现象。

作用：伸展脊柱，加强腰背肌力量；对肩部三角肌后侧及手臂肱三头肌有塑形作用。

11. 蚌式

方法：坐在垫上，脊柱前屈。肚脐区域肌肉收缩向腰椎；屈膝，双膝分开至骨盆的宽度，双脚尖轻轻点地在一起，双手握住两脚踝关节处，静止吸气；呼气。调动躯干"力量库"的肌肉力量，控制躯干由双腿朝向相反方向慢慢像两扇贝壳一样打开，脊柱从腰椎开始逐节向地面沉下；继续向地面打开双臂和双腿，至臀、腰、下背部贴于垫上。头、肩膀和四肢并不落地；静止吸气，呼气时恢复至坐在垫上再反复。

要点：要让脊椎骨有控制地逐节向地面滚动落下；动作不要依靠手臂的带动；要控制速度。

作用：加强躯干"力量库"；改善脊柱的灵活性。

第四节 轻器械健美操运动技能分析与教学

轻器械健美操兴起于 20 世纪 90 年代，练习者遍布全国，是一项集保健性、娱乐性和观赏性为一体的大众体育运动。本节主要对轻器械美操的运动技能分析与教学进行探讨，内容包括有氧踏板、绳操等项目的基本动作的教学指导。

一、有氧踏板

（一）有氧踏板概述

踏板操起源的背景和有氧运动的发展有关，并且属于有氧运动体系之中。在中国，踏板运动于 1991 年首次亮相于中央电视台的《健身五分钟》节目中。在随后的几年里，只有在某些高端酒店和餐厅的健身房里才有踏板的课程。从 1998 年开始，踏板的课程成为国内非常受欢迎的健身课，因为当时踏板课作为一种基础的运动课程被引入北京的健身房。这种踏板的运动形式类似于上下楼的过程。踏板操和健美操在一些特点和功能方面非常相似，但同时踏板操又增加了一些特殊的训练工具和锻炼的效果。这就是为什么踏板操让越来越多的健身爱好者参与其中，并成为许多健身房的主要健身活动之一。

有氧踏板操的特点如下：

（1）运动的强度可控

有氧健身的运动要求运动的强度总是维持在中等或较低的水平，但将运动强度控制到一个合适的水平对没有经验的运动者和初学者来说都是一项困难的任务，而踏板操则能让锻炼者更好地控制自己的运动强度。这是因为我们可以通过调整踏板下垫子高度的方法来对运动强度进行控制。对于同一个锻炼的动作，较高的踏板高度会导致运动强度也会得到相应的提高，反之则会导致较低的强度，能量的消耗也会降低。这使得健身者可以根据自己健身的水平和锻炼目标选择不同的踏板高度，从而更好地开展锻炼的活动。

（2）安全性好

可通过改变踏板的高度，调节运动强度，有氧操中为提高强度常用的跑跳练习在踏板课上大大减少。跑跳练习对关节的冲击较大，而很多锻炼者都因为技术动作掌握不好，特别是缓冲不充分，长期锻炼就容易造成不同程度的损伤。因此，在踏板练习中，要提高重心高度，必须要求腿、臀部发力，这就有利于保护关节和韧带。

（3）具有多样化和娱乐性的动作

踏板的使用使锻炼的内容有了数量上的提升。例如，最初简单的踏、点动作，可以转化为上下板的动作，就让动作变得更加复杂多样，我们可以将踏板的表面和四个边缘利用起来，比如，进行多样的连接动作或者是单一的板动作，还可以根据使用的需要将板子的位置进行变化，如横板、竖板等，此外，如果条件充足，我们甚至可以同时使用两个板或三个板进行锻炼的活动。这创造出一个多样化的、具有趣味性的锻炼空间，使踏板运动变得更加多样和有趣。

（二）有氧踏板分析与教学

在音乐播放器中选好动感的音乐，穿着宽松，站在踏板上跟随音乐节奏上下舞动的健身健美操类型，就是踏板操。踏板操的动作和步伐与绝大多数的健美操类似，区别在于踏板操的动作完成需要踏板的辅助，因此，踏板操的练习对运动者的协调性要求较高。此外，由于踏板操主要锻炼部位是人体的下肢和臀部，因而可以提臀美腿、耗能减脂，改善女性的肌肉线条，增强人体的心肺功能。

1. 有氧踏板基本技术

有氧踏板操的基本技术主要包括缓冲弹动、控制以及重心三个方面。

（1）缓冲弹动

依靠人体髋关节、膝关节、踝关节弹动屈伸形成的缓冲，是踏板操有氧运动的基础。踏板操的缓冲作用既可以缓解下板时来自地面对身体的撞击阻力，又可以锻炼上板时的腿部肌肉，促进动作与动作之间的安全衔接，有助于下肢和臀部肌肉的自然收缩。

（2）控制

人体的肌肉既可以松弛，也可以紧张，实现肌肉与肌肉间的协调配合过程就是控制。为了使身体自然挺拔，在整个运动过程中，应该控制身体的基本姿态。在踏板上下左右移动的过程中，运动者需要及时控制自身的腰部、腹部和臀部的肌肉。踏板操控制环节的运用，可以平衡身体，固定踏板，保证人体下肢和臀部动作的安全、顺利进行。

（3）重心

重心问题是踏板操的有氧练习过程中，保证人体安全和动作流畅的关键环节。人体在运动时，身体的重心会随技术动作的改变而移动，体现在踏板操上，就是上下踏板时会伴随着人体重心的移动，这时，运动者的双脚应该交替用力，使身体与脚的动作方向保持一致。

2. 有氧踏板基本动作

由地上健美操动作发展演变而来的踏板操的基本动作，是踏板操中其他各种动作产生和发展的基础。为了巩固练习者下肢动作的基本姿态，需要练习者首先熟练掌握踏板操的基本步法，然后在此基础上，搭配上肢动作，调节身体方向，改变步伐节奏，实现上肢与下肢的协调配合。

（1）上肢动作

踏板操练习者可以通过改变动作方向、动作路线、动作幅度和动作角度，完成举、屈、伸、绕、振等基本的上肢动作。此外，练习者可以做单臂和双臂的左右对称或不对称摆动，创新动作形式，借助动作组合，使自行编制的动作更加美观、新颖。

（2）下肢动作

如图 3-4-1 所示，长方形代表踏板；a，h，c，d，e，f，g，h 为踏板周围的一些位置，r，s，t 为踏板上左、中、右三个位置；v，x 分别为 s，t 到踏板两边中间距离的位置。

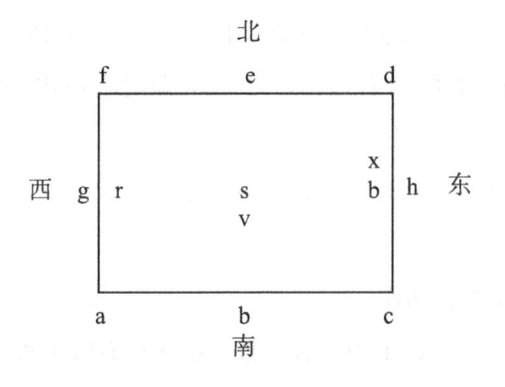

图 3-4-1　下肢动作

第一，横跨板。准备：身体位于踏板左侧 g 位置，身体面向正北方。

动作：1—2 拍：右脚向右侧横跨一步上板，至踏板中央 s 位置；左脚紧跟右脚上板，身体重心随之移动至板上。

3—4 拍：右脚再向右横跨一步下板至 h 位置；左脚下板并于右脚，整个身体完成横跨踏板的动作。

第二，基本步。准备：位于板下 b 的位置，面向正北方。

动作：1—2 拍：左脚向前迈一步上板至 s 位置；然后右脚也向前迈一步并于左脚，身体重心随之向前移动。

3—4拍：左脚向后迈一步下板至 b 位置；然后右脚也向后迈一步并于左脚，身体重心随之向后移动，还原到开始位置。

第三，边角步。准备：练习者位于板下 b 位置，身体面向正北方。

动作：1—2拍：右脚向左前方迈一步上板至 r 位置，左腿提膝。

3—4拍：左腿伸膝落于开始位置 b，右脚落于 h 位置，还原到开始姿势。

5—6拍：左脚向右前方迈一步上板至 t 位置，右腿提膝。

7—8拍：右腿伸膝落于开始位置 b，左脚落于 b 位置，还原到开始姿势。

第四，斜角步。准备：练习者位于板下 a 位置，身体面向正东方。

动作：1—2拍：左脚由开始位置向左前方迈步，上板至 v 位置，右脚上板至位置。

3—4拍：左脚下板至 d 位置，右脚并于左脚。

第五，交叉步。准备：练习者位于板下 a 左侧处，身体面向正北方。

动作：1—2拍：右脚向右迈出一步，左脚向右迈出一步，并交叉于右脚之后。

3—4拍：右脚再向右迈出一步，左脚并于右脚。

3.有氧踏板组合动作

（1）初级踏板操组合动作

第一个八拍：步伐：第1拍右脚点板，第2拍右脚下板，3—4拍相反，5—8拍右脚一字步上下板1次。

手型：1—4拍掌；5—8拍拳。

手臂：1—4拍两臂在身体前侧击掌；5—8拍两臂在身体侧面弯曲肘部，并前后来回摆动两臂。

面向：1点方向。

第二个八拍：步伐：1—2拍右腿上板 V 字步，3—4拍下板内转90度，5—8拍同1—4拍动作一样，但方向相反。

手型：拳。

手臂：两臂在身体侧面弯曲肘，并前后来回摆动两臂。

面向：1—2拍1点，3—4拍7点，5—6拍1点，7—8拍3点。

第三个八拍：步伐：1—2拍右脚上板V字步，3—4拍下板，5—8拍同1—4拍。

手型：拳。

手臂：前后来回自然摆动两臂。

面向：1点。

第四个八拍：步伐：1拍右脚上板，2拍左脚前吸腿，3拍左脚点地，4拍左腿前吸，5拍左脚点地，6拍左腿前吸，7—8拍下板。

手型：拳。

手臂：前后来回自然摆动两臂。

面向：1点。

（2）中级踏板操组合动作

第一个八拍：步伐：第1拍右脚上板，第2拍左脚前吸腿，3—4拍脚下板，5—8拍左脚上板、V字步下板后内转90度。

手型：拳。

手臂：1—4拍前后来回自然摆动两臂，5—8拍两臂在身体侧面弯曲肘，并前后来回摆动两臂。

面向：1—6拍面向1点，7—8拍面向7点。

第二个八拍：步伐：第1拍右脚上板，第2拍左脚上板，与此同时，右腿跳吸，3—4拍过板下板，第5拍右脚向前一步，第6拍左脚上步，第7拍转体180度，8拍向前走一步。

手型：1—4拍拳、掌，5—8拍拳。

手臂：第1拍两臂在胸前弯曲，第2拍两臂向上伸展，第3拍两臂在胸前弯曲，第4拍两臂置于身体两侧，5—8拍前后来回自然摆动两臂。

面向：1—4拍面向7点，5—6拍面向8点，7—8拍面向4点。

第三个八拍：步伐：第1拍右脚侧上板，第2拍左脚前吸腿，第3拍左脚下板，第4拍右腿向后伸展，第5拍右脚E板，第6拍左脚向后抬起，与此同时，左脚要绕过踏板，7—8拍向左旋转90度，下板。

手型：1—4拍拳，5—8拍拳、掌。

手臂：1-4 拍前后来回自然摆动两臂，第 5 拍两臂在胸前弯曲，第 6 拍两臂向上伸展，7—8 拍两臂在身体两侧自然垂落。

面向：1—6 拍时面向 4 点，7—8 拍面向 1 点。

第四个八拍：步伐：第 1 拍右脚上板，第 2 拍左腿侧抬，3—4 拍下板，5—8 拍同 1—4 拍方向相反。

手型：掌心向前。

手臂：1—2 拍两臂从侧面向上举起，3—4 拍两臂在身体两侧自然落下，5—8 拍同 1—4 拍。

面向：1 点。

（3）高级踏板操组合动作

第一个八拍：步伐：第 1 拍右腿跳上板，与此同时，向后抬起左腿，第 2 拍左腿前收，3—4 拍下板，5—6 拍左腿板上恰恰，7—8 拍下板，与此同时，向左转动 90 度。

手型：1—4 拍掌心向外，5—8 拍拳。

手臂：第 1 拍两臂倾斜向上举起，第 2 拍下拉两臂至胸前弯曲，3—4 拍自然将两臂放至体侧，5—8 拍向上弯曲两小臂。

面向：1—4 拍 1 点，5—6 拍 2 点，7—8 拍 7 点。

第二个八拍：步伐：第 1 拍右腿从侧方向上板，第 2 拍左腿后屈跳，第 3 拍左脚向后交叉，并点地，第 4 拍左腿向后弯曲，5—6 拍下板，同时右转 90 度，7—8 拍左脚尖点板一次。

手型：拳。

手臂：两臂在身体侧面弯曲，并前后来回摆动两臂。

面向：1—4 拍 7 点，5—8 拍 1 点。

第三个八拍：步伐：第 1 拍右脚上板，第 2 拍左腿向板左侧地迈一步重心在左侧，3—4 拍右侧横过板，第 5 拍重心在右腿，第 6 拍重心落在左腿板上，7—8 拍下板。

手型：拳。

手臂：前后自然来回摆动两臂。

面向：1点。

第四个八拍：步伐：第1拍右脚上板，第2拍前吸左腿，第3拍左脚板前点地，第4拍前吸左腿，第5拍下板，第6拍右脚跟点板，第7拍右腿前吸，第8拍下板。

手型：拳。

手臂：两臂在身体侧面弯曲肘，并前后来回摆动两臂。

面向：1—3拍时向1点，4—5拍向3点，6—8拍1点。

二、绳操

（一）绳操概述

最开始，绳操属于一种艺术运动，运动过程中需要极大的灵活性和协调性，需要相对平静的音乐中进行。后来，绳操的简单性、多样性和灵活性等特色逐渐被健美操所使用，音乐的节奏也不再是舒缓的。在绳索有氧运动中使用的轻型器械是一根由纤维或类似纤维材料制成的绳子，绳子有各种的长度，取决于运动员的身高数据，绳索有氧运动必须包括至少三次跳跃。

（二）绳操分析与教学

1. 绳操基本动作

（1）摆动

用两手或单手将绳头握住，以肩为轴心进行前后或者左右摆动绳在摆动绳时，肩部保持放松，力量要均匀，以控制绳形不变。

（2）绕环

双手或单手握绳头，以肩、肘、腕为轴在身体各个面上做各种绕环。在做绕环动作时，注意绕环面要准确，绳不能触及身体。

（3）跳绳

跳绳主要有双脚跳、单脚跳、高抬腿跳等；可做单摇、双摇、交叉摇等；跳绳时，需要两臂自然伸直，以手腕为轴摇绳，跳起时要轻松有弹性，落地应有缓冲。单摇跳是最为简单、最为基本的一种技术，它是指摇绳一个回环、跳跃一次，主要包括单摇双脚跳、单摇交叉跳、单摇双脚交换跳等。双摇跳是跳绳中动作相对复杂的一种技术方法，又称为"两摇跳"，也就是说跳跃一次，摇绳绕身两个回环，主要包括双摇双脚跳、双摇单脚跳、双摇双脚交替跳等。

2.绳操组合动作

（1）预备姿势

双手持四折绳于体前直立（以下所有动作以先出右脚为例）。

（2）第一个8拍

1—2拍：右脚向右做并步同时两臂前平举并还原。

3—4拍：左脚向左做并步同时左臂前上举，右臂前下举持绳并还原。

5—6拍：右脚向右做并步同时两臂经上举至肩侧屈。

7—8拍：左脚向左做并步同时两臂经上举并还原。

（3）第二个8拍

1—2拍：右脚向右前方向迈出1步，左脚后脚尖点地，同时两臂上举。

3—4拍：左腿并于右腿同时两臂向后绕至下举。

5—8拍：动作同1—4拍，但前后、左右方向相反。

（4）第三个8拍

1—2拍：右脚向右侧1步并向右移重心，同时两手分别持绳头向右摆动绳。

3—4拍：动作同1—2拍，左右方向相反。

5—8拍：右脚向右侧变换步同时两臂向右经上、左至右绕环一周。

（5）第四个8拍

1—4拍：右脚开始跑跳步，同时左手握双折绳头（两个头），右手握绳中段在体侧以右手腕为轴做向前的小绕环。

5—8拍：下肢动作同上，同时左手于右胸前，右臂上举以右手腕为轴做水平小绕环。

（6）第五个8拍

1—4拍：右腿、左腿依次向前弹踢，同时两手分别握绳头做体侧"8"字绕环。

5—8拍：后屈腿跳同时做4次体侧"8"字绕环。

（7）第六个8拍

1—4拍：高抬腿前摇跳。

5—8拍：后屈腿前摇跳。

（8）第七个8拍

1—4拍：高抬腿交叉前摇跳。

5—8拍：后屈腿交叉前摇跳。

（9）第八个8拍

1-8拍：同第五个8拍的1—4拍。

（10）第九个8拍

1-4拍：右脚向前走4步，同时左手于右腰间，右臂上举以肘为轴绕绳（绳缠身）。

5—8拍：右脚向后退4步，同时左手于右腰间，右臂上举以肘为轴绕绳（放绳）。

（11）第十个8拍

1—4拍：左脚开始向左走4步同时转体360度，两手握绳，头上摆动一周。

5—8拍：右脚开始向右走4步同时转体360度，右手握双绳头，左手握在绳中段将绳四折还原至预备姿势。

第四章　大学生健美操教学效果优化及教学创新

大学生健美操教学不仅关系着健美操教学的效率和质量，而且还关系着学生学习的积极性和参与程度，对健美操运动的发展和推广有着深远的意义。本章的内容为大学生健美操教学效果的优化及教学创新，从大学生健美操健身效果评价、大学生健美操教学效果优化路径及大学生健美操教学创新三方面进行阐述。

第一节　大学生健美操健身效果评价

一、大学生健美操的健身效果

健美操是一种有氧运动，并且具有时间长、强度低的特点，动作难度低、明快、轻松、目的明确、效率高，节奏和速度都很合适。健美操首要的目的是锻炼身体。进行科学的健美操运动，可以改善健康状况，提高体质水平，全面提高身体的机能。

健美操的健身效果是多样化的，主要体现在以下几个方面：

（一）能够有效锻炼肌肉和骨骼

骨骼与肌肉是人体重要的组成部分，人体的骨骼与肌肉分别有 206 块和 600 块，健美操运动能够让身体的骨骼与肌肉之间相互配合。形体的练习能够使骨骼与肌肉舒展开，健美操运动配以形体的练习，能够加强肌肉的力量，使韧带富有弹性，促进肌肉柔韧性、协调性的形成；使骨骼变得更加坚硬，增强骨骼抗折、抗压缩的能力，提高身体关节的稳定性、灵活性。如果长期进行健美操的练习，可以促进骨骼的生长，有利于青少年身体的发育。

（二）能够有效改善内脏器官的功能

健身效果不是一蹴而就的，短时期内的效果只能是暂时性的只有坚持不断地进行形体和健美操的练习，才能保证人体各个系统以及各大器官的健康，完善内脏器官。经常坚持进行健美操的锻炼，有利于血液输出量的增加，供血能力加强，因此，循环系统能够保持机体的稳定，并且能够向全身细胞输送更多的氧和养料，经常进行健美操的锻炼，有利于肺活量的增加，能够增大肺部的容积和吸氧量使呼吸变得更有力，促进呼吸系统新陈代谢能力。除此之外，健美操运动还可以增强消化系统功能，促进人体对食物的消化和营养的吸收。

（三）能够有效健美形体

形体美包括体形美、姿态美、动作美。决定体形的先天因素是遗传，如已经生长的形态及比例。而环境（营养、劳动、运动等）则可以大大修饰体形。通过运动，拉长肌肉线条，减少各部位多余脂肪，可以有效改变身体形态，使人变得身材苗条修长且有力量。健美操是有氧运动，能够分解人体的脂肪，使身体的整个肌肉变得结实，以此改善形体。姿态指的是在坐、立、行时的身体形态。长期形体锻炼能形成正确的身体姿势，纠正不良姿态、使动作优美，体态矫健。动作美是形体美的一种表现形式，是在日常生活和体育活动的动作中展现出来的。形体和健美操配合练习，对改善形体有重要的作用，使动作完成更加协调、灵敏，充分展示动作之美。达到体形美、姿态美、动作美和精神美的和谐统一，使身心得到健康完美地发展，是人们追求的目标。

二、大学生健美操健身效果评价的意义

健美操效果的评价指的是进行健美操的锻炼会给人的身体和心理带来何种的影响，主要是对这个影响进行评定。

健身效果的评定并不是随便说说，而是需要付诸实践的，它是科学健身的重

要内容之一，并且对健身有引导意义。当每次进行健美操运动之后，需要根据自己的实际情况，将具体的数据记录下来，并对这些数据进行比较，看有什么特定的规律以及出现的问题。从客观事实来说，对健身效果进行评定，是有重要意义的，即能够让练习者对身体有一定的了解，并且根据实际问题做出调整，制订一个适合自己的锻炼方法。

三、大学生健美操健身效果评价的原则

（一）实用性原则

实用性是一个非常重要的原则，健美操健身效果的检查与评定有很多的方法和评价标准，但是也并不意味着可以随意选取，因此还是需要根据自身的实际情况，制订合理的检查、评定方法。

（二）可靠性原则

可靠性原则具体是指健美操健身效果的检查与评定方法是否可靠，由此方法得出的结论是否可靠。可靠性原则可以说是健美操健身效果检查与评定的根本保障，只有可靠，才会安全，安全又是健身运动最大的宗旨。这就需要在健身效果的检查过程中，仔细地分析数据，保证结论的可靠性，同时还要对运动员的体能状况、训练的内容和方式等环节进行检查，保证数据的可靠性。

（三）简练性原则

简练性原则并不是指过程简练，在这里指的是评定报告的内容需要简练。如果得出的评定内容众多，烦琐，条例不清晰，这样就会影响对运动员的直观了解。所以，报告应该写得短小、简洁明了、逻辑清晰，让人一看就能直观地发现主要的数据内容。

（四）及时性原则

及时性原则指的是在评定报告的结果中，需要把内容及时地反馈出来。针对

反馈出来的结果,要把具体的信息告知学生和教师,只有这样才可以根据具体的数据,对学生制定合适的锻炼方法,而且还能够根据数据为后面的健身计划提供一定的依据。

四、大学生健美操健身效果评价的内容

需要评定的人的健康指标需要对参加健美操运动和正常人的健康指标进行比对。按照健美操锻炼的内容和形式,在充分考虑评价的科学性、全面性和可操作性的前提下,要重视发展身体的健康素质等各方面的内容,促进身体系统和机能健康的发展。同时也使参加者在控制体重、健美塑身方面掌握科学的方法。

(一)对健身效果进行评价与检查的常见指标与方法

(1)心率(或脉搏)

心率是人体心脏每分钟跳动的次数,这是衡量人体健康最重要指标之一。正常情况来说,成年人的心率大约是在60—100次/分,正常成年人的心率都会在这个范围内波动。进行健美操健身锻炼,不可能随时随地携带测量仪器,这时候可以自己估计脉搏的跳动次数,其数值代表心率次数,脉搏的跳动次数可以直接用手放在颈动脉处测量。心率是测量运动强度比较直观的指标,在经过一定强度的锻炼之后,可以直接测量心率,查看心率的波动情况。但是,对于健美操健身来说并没有清楚地显露出效果,因为短时间内的健美操训练效果通过心率是看不出来的。因此,心率这一测定指标,只有运用在长期的锻炼效果中比较显著。如果心率能展现出身体良好的机能变化,也可以说明健身效果是比较棒的。

(2)血压

血压是血液对血管壁的压力。血压是波动的、如果受到心动周期的影响,血压就会发生一定的变化。血压如果超出正常的范围,就有可能会出现低血压和高血压的情况,影响健康指标。动脉血压的最高值是收缩压,正常值为100—140毫米汞柱;最低值是舒张压,正常值为60—90毫米汞柱。不同的运动,对血压的变化是不同的,健美操健身的训练,对血压的影响是比较大的。只有长时间进行健美操健身的训练,才会对血压的变化产生良好的影响,如果是使用血压这一

评定指标去判断训练效果，那么就需要注意血压变化的情况，否则得出的数据会不准确。不同的人对血压的测量，方法也是不同的。例如，高血压患者需要一直注意血压的变化。如果是有一定训练基础的学生，可以在一定的运动量之后负荷测定血压。

（3）肌肉力量

肌肉力量是人体对抗阻力的一种能力，每个人人体的肌肉力量是不同的，它受到多种因素的影响。例如，人体肌肉群的不同、关节收缩速度的不同等，都会使人体的肌肉力量存在不同。一般情况下，如果是对人体的某一块具体的肌肉来说，其肌肉力量是比较稳定的。肌肉力量可以作为健美操健身训练的评定指标，其效果是比较明显的。肌肉力量并不是一成不变的，它是一个相对来说比较灵活的评定指标，可以用在健美操短时期健身训练的评定中。在健美操运动之后，肌肉力量会明显地有所改变。肌肉力量的评定也是需要有一定注意事项的，短时间的健美操健身训练之后，身体可能有酸痛感，肌肉会感到疼痛，可能会导致评定效果存在其他因素的影响。所以，一般都会选择肌肉力量训练之后的一周后进行效果评定。

（4）肌肉耐力

在平常的生活中，一个人或许可以把沉重的箱子搬到货车上，但是他的肌肉耐力不一定能够支撑他多次做这个动作。因为生活中可能有很多的工作需要肌肉的收缩，因此，需要提高肌肉的耐力。测试肌肉耐力也是有很多方法的，最常见的有三种方法，即俯卧撑、仰卧起坐和仰卧起身，这是大家经常运用的方式。俯卧撑主要是训练肩部、臂部的肌肉耐力，仰卧起坐和仰卧起身主要是训练腹部的肌肉耐力。

（5）呼吸频率

呼吸频率指的是每分钟的呼吸次数，在健美操锻炼之后，可以通过呼吸频率的变化情况来观察肺通气功能的变化情况。通常情况下，人在安静的时候，呼吸频率大约是12—16次/分，但是在进行健美操锻炼之后，人体的呼吸频率会明显上升。在测定呼吸频率的时候不应该告知被测者，可以转移被测者的注意力，否则可能会影响测定的结果，这是因为心律不齐所带来的影响，如果直接告诉被测者是要测试呼吸频率，他们就会有意识地控制呼吸频率，使测试结果不准确。

（6）锻炼时间

锻炼时间并不是平常所说的运动锻炼所用的时间，在这里指的是一次性锻炼过程中，从开始到身体疲劳而停止运动的时间。一般来说，疲劳的程度和停止运动的感觉是由锻炼者自身感受决定的。因为锻炼者的感受具有一定的主观性，所以在测定锻炼时间这个指标时，要保证客观性。健身锻炼时间对于健美操健身效果的评定来说，是一个灵活的指标。一般来说，在经过两周左右的健美操健身运动之后，可以把运动的时间延长。在考察锻炼时间这个指标时，也可以采取相同的锻炼时间记录不同的身体感受，这对健身效果的评定是一个不错的方法。

（7）灵敏性

灵敏性是指个体迅速变换姿势及准确转换方向的能力，这是评价运动所需的一种重要能力。健美操项目的灵敏性是一个很重要的素质，由于健美操是在相对复杂的情况下完成的动作，如需要观察教练的动作，进而能迅速地跟随练习，同时，还要配合音乐进行动作练习。

（8）有氧锻炼能力

有氧锻炼能力是与健美操关系最为密切的一个指标，是进行耐力运动训练的基础。对有氧锻炼能力的测量是对身体最大摄氧量最准确的评价，也是最便捷的方式。因为如果直接测量最大摄氧量，是需要借助于医学仪器的，不仅价格昂贵，并且浪费时间。

（9）身体成分

从解剖学观点看，身体成分是指体内各种成分的含量，比如肌肉、骨骼、脂肪、水和矿物质等，它是反映人体内部结构比例特征的指标。任何身体成分比例的严重偏离都会对身体有害。

（10）心理健康状况。人是既有各种器官组织的生命体，也是拥有丰富情感的文明人，同时又是一个社会人，在社会中扮演着各种各样的角色，由于体育锻炼可使体格强健，精力充沛，因而有助于人对身体表象获得认知。自我对思想和情态等评价形成了独特的个性特征，这些个性特征就会产生不同的情绪。人在这个繁杂的社会中，都会有一些紧张、压抑、烦闷、不安等情绪产生。通过体育锻炼，从运动中转移注意力，使人的心情变得愉快，可以有效摆脱这种负面情绪。情绪状态是衡量体育锻炼对心理健康影响的最主要的指标。开展社会交际，被多数体育工作者视为体育的主要任务之一，遗憾的是，诸如性格、运动精神、适应性、领导才干和行为等方面的社交概念，是很难准确加以客观度量。虽然发展这一领域的科学测量还处在相对早期阶段，但是评价技术终将会更加完善。社交测量有助于社交行为的评价，可以判断个体在集体中的状况及其被认可的程度。

（二）安静状态下的生理评价分析

1. 安静状态的分类

（1）一般安静状态

所谓的一般安静状态指的是人体处于相对不运动的状态，这是一种常用来评定运动效果的机能状态。为了保证健美操健身效果评定的准确性，需要对一些相关的生理指标进行测定，为了保证这些生理指标能够最接近安静状态的指数，在指标测定前要保持情绪的平稳、不要运动，同时要排除疾病因素的影响。此外，应该在健美操锻炼之前进行测定，这主要是为了避免体育锻炼后恢复的状态会对测定结果造成影响。

（2）清晨安静状态

所谓的清晨安静状态指的是人体在早晨清醒后、起床前、空腹的安静状态。由于这种状态与人体的基础状态的相似性比较大，所以是测定健美操健身效果的最佳时期。因为在这种状态下，身体的所有生理指标基本上都不受外界因素的影响，因而更能真实而客观地反映出人体生理机能受健美操健身锻炼的影响情况。

2. 安静状态下的评价生理指标

（1）心率

如果一个人长期进行健美操健身运动，在身体处于安静状态时心率会下降，这就说明这个人具有很好的身体机能。出现心率下降的主要原因是通过健美操健身锻炼，心脏的收缩力量和收缩能力得到加强，从而在安静的状态下，心脏因每次收缩而射出的血量也会自然而然地增加。与此同时，如果此时心脏输出量也没有明显变化的话，那就说明心脏每分钟收缩的次数一定在减少。通过上述分析，可以得到这样一个结论：心率的这种变化对于心脏的工作是十分有利的。根据研究发现，如果一个运动员长期进行耐力训练，其在安静状态时的心率为50—60次/分，甚至有时能达到30次/分。与身体处于锻炼状态相比，在安静状态下时，心率会出现明显的下降，心脏的伸缩功能在锻炼中也得到加强。但是，并不是所有进行健美操健身运动的人的健身效果都可以用心率来评定的，它只适用于有氧运动为主的人群，对于那些进行力量和速度锻炼的人群来说并不适用。

（2）血压

血压也是评定健美操健身效果的一项重要生理指标，但是，由于人的血压存在一定的差异，而这种差异也会影响评定结果的准确性，因此，这一问题需要引起注意。如果在完成健美操健身锻炼之后，在安静状态下，收缩压和舒张压都有所下降，这就说明身体的生理机能有良好的反应。血压的下降，有力地证明了健美操健身锻炼在一定程度上提高了血管弹性，并增强了血管对血压变化的缓冲能力。此外，通过健美操健身锻炼，血压较低的人们的血压会出现明显的增加，心脏的收缩能力也会得到增强。通过上述可知健美操健身锻炼对于调节血压是有利的。

（3）肌肉体积

在评定健美操健身效果的四项指标中，肌肉体积是最主要的指标。如果一个人在经过一段时间的健美操锻炼后，他的肌肉体积增加明显，那么这就说明健美操健身锻炼对于肌肉的生长发育有很大的帮助。一般来说，臂围和腿围是判断肌肉体积是否发生变化的两个主要指标。不过，这里需要注意一点，通过体育锻炼后，人的皮下脂肪会减少，会有肌肉体积增加不明显的情况出现。因此，在用肌肉评定健美操健身效果时，应该综合考虑体重、臂围以及肌肉力量等各项指标的变化，只有这样才能取得一个比较准确的评定结果。

（4）肺活量

评定肺通气功能变化的最理想的一项指标就是肺活量。一个人在进行完健美操健身锻炼之后，肺活量会有明显增加的迹象，这就说明肺通气功能能够很好地适应身体的变化，并且朝着有利的方向发展。此外，胸围差也是评定呼吸功能变化的一项重要依据。如果一个人的胸围差很大，就说明这个人的呼吸功能有很大的潜力，同时也说明体育锻炼取得了很好的效果。

（三）定量负荷时的生理评价分析

健美操健身的效果可以通过施加一定的活动强度不大的定量负荷的形式进行检测，以下是两种评定方式：

（1）起蹲评定法（30 秒 20 次）

此种方法在健美操健身效果评定中是最常用的定量负荷形式。具体方法是：锻炼者首先立正站好，做好预备动作。听从口令，起蹲的频率为 1.5 秒 / 次，下蹲时膝关节要达到 90 度，重复 20 次。结束以后立即测定锻炼者的脉搏、血压和呼吸频率等，并将测定的结果作为依据来评定锻炼者的身体机能。此外，还要对身体恢复时间进行记录，以测试结束后 5 分钟内的测定结果作为评定标准。

（2）以受试者常用的锻炼方式进行评定

在采用这种方式对健身效果进行评定时，一定要选择合适的运动负荷，即自身最大能力的 60% 为最佳，并且要保持在不同运动时期内的相同运动强度。

第二节　大学生健美操教学效果优化路径

一、影响大学生健美操教学效果的因素

（一）学生层面

学生作为教学质量标准中的主体，也是教学质量的基本衡量标准之一。因此，学生这一因素会对高等院校本科的教育质量产生重要的影响。

当今高校中，学生身体素质出现了普遍下降的态势，进行有氧运动训练的过程中必须要考虑到学生的身体状况，达到提高他们身体素质的目的。健美操学习要求学生具备中等水平的身体素质，包括力量、速度、灵敏性、敏捷性等因素。但是，大学生普遍在生活中缺少体育锻炼，整体身体素质并不强，同时模仿能力与协调能力也比较差，展开健美操练习时，往往会出现放不开、变形、不到位以及力度不够等多种问题，以至于健美操学习难以达到动作效果与动作要求，进而对整体教学效果产生不良影响。

大学生普遍存在合作意识、集体意识、独立性、意志力等较差问题。开展健美操教学时，教师需对大学生身心发展特点进行全面认识与了解，使学生在进行健美操学习时产生一种成就感以及美感，提升自身团队意识、交往能力以及意志力等，并形成健康人格。

（二）教师方面

教师对于学生的影响比较大，教师个人素养对于教学效果具有决定性作用，部分高校中教师在进行健美操教学时存在水平参差不齐的问题，技术水平上仍需提高。就健美操教学来讲，在开展时需教师和学生之间共同完成，教师在整个教学中占据主导地位，需具备良好专业能力以及业务水平，在此基础上，才能使教学质量得到充分保证。

（三）教学内容

理论知识。理论教学的实施能够使学生更深入了解健美操知识相关原理，改变学习理念与锻炼理念，形成正确意识，在进行健美操学习时实现理论与实践之间的结合。

舞蹈动作。多数学生比较喜欢简单且时尚的舞蹈动作，涉及舞蹈动作丰富的体育项目一般有表演类健美操、啦啦操、街舞、爵士、瑜伽等，类型不同舞蹈动作对学生身心发展产生的影响也会有所不同，因此开展健美操教学时需结合学生实际情况选择多元性和恰当的舞蹈动作内容，增强学生进行健美操学习的兴趣与热情，提升学生的鉴赏能力，并促进其终身体育思想意识的形成。

音乐。音乐属于健美操中的灵魂，也是指导行动的重要信息，在优美旋律影响下，能够增强学生表现力。开展健美操教学时，音乐伴奏会对教学效果产生重要影响。因此在教学中需注重对风格、速度等多种因素产生的影响，充分考虑学生兴趣，尽量使用学生比较感兴趣或者是较为熟悉的音乐，进而使学生更好地理解音乐，并产生对音乐的共鸣，通过音乐增强学生的把控能力，形成较强节奏感，进而使教学效果得到充分保证。

（四）教学方法

开展健美操教学时，教学方法相对单一是高校中普遍存在的问题，怎样对教学方法进行拓展，保证教学方法丰富性是健美操教学中需重点思考的问题，教学中应不断对相关问题进行研究与探索。在多媒体、互联网广泛运用于教学中背景下，教师进行健美操教学时需结合学生具体情况以及当下教学条件，运用适当教学方法，保证教学方法运用时的灵活性，进而使学生对比较感兴趣的认知需求得到满足。

二、大学生健美操教学效果优化设计

（一）促进教师专业化发展

所谓专业化就是指必须完成专门高等教育才能从事的复杂专门性职业。汉语中的专业有"专门从事某种学业或专业"以及"专门的学问"的意涵。教师的专业化发展对公共体育教师提出了更高要求，教师需要从术科厚度转变为学科深度。专业化发展的教师是教学质量提高的先决条件，同时，也是教育改革的关键所在，这对体育教师来说也是如此。随着教育技术迭代更新，体育项目也在高速演进着，如果体育教师停步于此，就会导致体育教学出现断层和脱节现象。作为知识传播者和学习引导者，教师应从术科厚度向学科深度发生转变，不仅要教给学生知识，更要教给学生学习的方法，让学生学会如何发现并习得知识。教师的历史使命是传授与创造知识，如果不在专业上有所提升，势必会阻碍学生的身心健康发展，加强师资队伍建设对学校体育教学改革和发展意义重大。随着现代教育科技的迭代更新，新的知识和理论不断融入大学体育中，以现代科学为依据的新的概念、观点和教学模式、方法、内容如雨后春笋般涌现，对体育教师的专业素养和健美教师的知识更替提出了更高要求。健美操的教学内容是需要以自身特点为依据进行持续更新换代的，如果教师没有不断学习新的教学方法和知识内容，那么对同一内容重复使用就会被挂上"水课"的名称。那么要想丰富教师的知识面，可以对备课形式进行丰富，增加同专业教师研讨的次数，进行教案集体备课活动，可以让教师们互相对照，吸收彼此的优点，提升教学能力，更是对教师之间团队意识的形成有促进作用。关于健美操的课程设计要随时代的进步不断更新，老教师经验丰富，容易把握学生的身心发展趋势和心理思想，青年教师对新知识的接受能力强，且有更高的多媒体教学能力，新老教师共同学习不仅传递了知识与经验，而且更传递了教学观念。

新课改倡导以学生为本，由"教育者为中心"转变为"学习者为中心"，由"教会学生知识"转变为"教会学生学习"，由"重结论轻过程"转变为"重结论的同时更重过程"，由"关注学科"转变为"关注学生"，强调学生的主体性，更新传统教育教学方式，调动学生的体育参与积极性。健美操教学质量的提高离不开教师观念的转变，大部分教师的教学观念仍停留在传授技能上，忽视学生审美能力、创新能力和自主学习能力等方面的发展，仅保持传统观念的有效作用是不够的，必须注重科学的发展和转变。社会的飞速发展，也对教师教育观念发生变化提出了要求。

首先，教师要用长远的目光去看待教学目标，以大学体育教学特点与学生身心发展规律为依据，目标是培养学生德智体美劳全面发展，以及促进学生树立终身体育的思想，与社会需求有机结合，通过健美操教学，在教会学生技术能力和学习方法的基础之上，让学生在学习健美操后获得心灵上的成长，使他们对健美操有足够的感官体验和理性认知。

其次，要充分认识到学生在教学中的主体性，以学生的兴趣为主导，使高校体育课程的教学内容更加丰富和充实。尊重学生的个性特点，并运用现代教育技术，通过趣味性强的教学内容设置，使学生真正地爱上课堂。在健美操教学中，应注意培养学生的个性，根据不同的特点，采用不同的教学方式和内容，在真正意义上满足他们的兴趣和爱好。教师是高校体育教学的实践者和指导者，他们必须接受新的教学理念，而目前的各种教学方法和教学模式，都是通过实验证实可以提高教学质量的。只有对这些全新的教学方式和模式进行学习并加以利用，教师们才能适应新时代和新课程要求，提高教学质量，并为教学改革的推动贡献出自己的一份力。

（二）强化学生对健美操作用的认识

与其他体育课程相比，健美操课程更注重审美感受和娱乐性，因此，对学生个人身体素质和控制力的要求也较高。在大多数普通高校中，只有女生才会选修健美操，而班级里的男生几乎都是由学校进行分配的。根据调查问卷结果显示，大部分学生都觉得健美操对身体灵活性和协调性的要求很高，其实健美操本身就是健与美的有机结合，不分男女，对身体素质的要求也不高。在世界健美操锦标赛中的项目有男子单人、女子单人、混合双人、三人（无性别限制）、五人（无性别限制）等，团体赛也不会要求队员的性别，男队员在上肢力量上有更高要求，女队员则是在柔韧性和身体姿态的优美程度上有更高要求。无论男女都能在健美操中对美有所体现，男性是阳刚之美，而女性是阴柔之美。健美操之所以富有表现力，并非仅靠女性的阴柔之美来完成的，而是需要男女合作，阳刚与阴柔的完美协调才是健美操长足发展的重要保障。要想提高健美操的教学质量，不仅要让教师更新教学观，而且学生也应更新认知。

与同场竞技的球类运动相比，健美操更注重形态上的美感，运用简单的步伐和肢体动作演绎不同的体操动作就可以展现自身姿态。参加健美操，强烈的节奏感和大幅度身体动作都会让心率快速提高，长期进行有氧训练，可以增加心脏容积和心肌收缩力，增加每一次搏动的输出量，提高心脏泵血功能和机体有氧工作能力，且肺的通气量会增加，吸入的氧气也会越来越多。运动时的深呼吸会使肺泡膜变薄，使肺内的毛细血管扩张，从而让红细胞和氧结合的速度更快。在酵解酶的作用下，肌肉中的糖原和脂肪可以利用氧气进行代谢，从而消耗大量的脂肪，可以有效改善肥胖体质。

通过肢体的协调动作练习，健美操可以有效改善人体姿态、柔韧性和协调能力。在有氧舞蹈锻炼中，随着音乐旋律进行身体动作，可以放松和收缩肌群，提高注意力。同时，还可以提高对音乐的敏感程度。通过肌肉运动，可以提高身体技能水平，塑造身体形态，提升内脏器官和心肺功能，肉眼可见的形体塑造效果会大大提高学生自信心。且与其他竞技运动相比，健美操更专注于自身的进步，是与自身的交流与对抗，没有与对手身体对抗性，运动损伤小，不会对性别和身材有要求，只要追求美，健美操就可以达到对身心健美的作用。身体形态美的追求是健美操运动员的根本目标，即使学生的先天条件上各有差异，但后天的专业心理会让形体匀称优美，学习过程中不仅可以获得知识，还可以收获快乐。

（三）增设教学内容优化教学效果

健美操是一项具有鲜明时代特色的运动项目。由于该项目的不断发展，原有的课程内容已经出现了一定的不足，增加课程内容可以扩大健美操专业学生对相关领域的认识和了解，掌握其发展趋势，加深理解基本知识，发展健美操技术，培养学生多元化能力。健美操对身体素质、形态、舞蹈、表演能力、音乐制作等方面都有一定的要求，为了使学生更好地认识和掌握健美操，必须适当地增加与这些因素相关联的教学内容。在理论课程的教学内容上，健美操的科学理论基础和竞技健美操的动作特点介绍，对于培养健美操技能水平具有十分重要的作用。健美操音乐制作能力、健美操课程是培养学生综合素质、增强学生实际操作能力的关键。在运动技能的教学内容上，舞蹈、形体训练注重运动员内在气质和外部动作的丰富内涵，而这也是提高运动员表现力的重要因素。

学生对音乐的鉴赏与了解，是健美操动作情感得以全面呈现的先决条件。同时，应根据学生的实际情况，增加运动技能的教学内容，有利于学生在健美操竞赛和表演中将技术水平充分发挥，从而促进体育成绩的提高。

大学体育作为学生生涯体育学习的最后一站，课堂上必须要有生活卫生常识、医疗保健等基础知识的讲授与介绍，这是拓展知识的一个重要途径。多元化的教学内容对于教学目标的实现不可或缺的，体育健美操的教学内容既要有实践和理论知识，又要有健康卫生知识。目前，社会中的健康一词，不仅指的是身体健康，还指心理健康和优良社会适应性，不管是过去所谓的"体育公共课"，还是如今的"大学体育"，都是以健康为第一宗旨的，因此，开展健康教育知识教学十分重要。

健美操运动在我国高校已有三十多年的历史，从最开始的"青年韵律操"到如今的大众健美操，经过了形形色色的套路变化，每一次的改变都与时代、社会的要求相一致。因此，开展健美操教学的主要目的就是顺应时代和社会的发展，根据时代和社会的要求，培养出适合不同阶段所需求的人才。健美操教学不仅要能满足学生的需要，而且更是要做到传达与之相应的健美操文化。

随着文化与科学技术的发展与进步，人们对自然的认识和知识的渴求，都在教学中得到了充分的体现。针对健美操教学的规划性和系统化对健美操课程内容进行优化，根据健美操发展水平，结合学生的身心发展需要和个性需要，对现有教材进行筛选、整合，并将新内容及时补充进去。大学生健美操应以传授技能为主要内容，对教学内容的优化既要与时俱进，又要做到丰富和充实，搭建多元教学内容体系，重视培养学生体育意识，以及学生的个性发展，从教学目的出发对学生进行全方位的知识讲授，培养学生的自学能力，让学生把课堂上学到的理论知识运用到实践中去。与此同时，要吸取国外先进的教育思想，注重教学改革的过程，使之更具实用性，既要经典又要时尚，同时，还要实用并充满乐趣，要把规定内容和补充内容有机地结合起来。

（四）构建大学生健美操效果评价体系

对大学生健美操锻炼效果进行科学专业的评价与反馈，有利于推动大学生健美操的课程建设。教学效果评价是对教学过程进行评价，目的在于评价、分析实施效果及其对学生的影响，从而对反映出的问题并做出相应调整。

按照《全国普通高等学校体育课程教学指导纲要》的要求，教师的评价应包含教师专业素质与课堂教学在内，进行方式有教师自评、学生评价、同行专家评议等。教学效果也要从学生的学习成效中得到体现。

从评价的性质层面来看，健美操教学的评价是显性评价与隐性评价的有机结合。在课堂上，健美操的教学内容并非简单一两节课就可以完成，而是要按照内容的难度，每节课都要学习新的动作，学生还要在教学中获取创编能力和理论知识。学生的动作技术是显性的，而情感表达和学习态度则是隐性的。从技术能力测试的角度考察学生的学习成效，研究的主要内容还包括课堂学习参与、合作精神等，使得学生在健美操教学中的隐性部分得以量化。再有机结合显性评价与隐性评价，可以更好地考察学生的心理健康水平和社会适应性能力。

从侧重点层面来看，健美操教学中应该使用定量评价和定性评价的有机结合，不能单用定量评价，也不能单方面地采用定性评价。前者强调数量计算，评价方法严谨，较为客观，可以衡量学生的身体素质发展情况，但只注重了显性指标的衡量；而后者注重观察分析，判断学生的动作和形态姿态是否规范，但主观成分较大，很难用同样的标准来评定学生。健美操是一门选修课，学生们可以进行自由选择，体育课的评价并不是单纯以技术来评定。如果选择定量评价，这会很容易让那些天生身体素质较差的学生自尊心受挫，对健美操的兴趣也会大打折扣，更多的是通过横向和纵向的对比，看看自己有没有进步，看看自己有没有跟周围的同学有什么差距。在健美操的教学目标上，既要培养学生的运动参与能力，又要让学生掌握运动技能以及提高身体素质，还要培养学生的心理健康和社会适应性。因此，在健美操评价中要尊重学生的个体差异，选择定量定性评价相结合的方式。

从时间段层面来看，要有机结合形成性评价与终结性评价。在健美操教学中，不仅要注重学生的最终成绩，还要重视学生的学习进步过程，要在教学过程中检查学生的进步幅度、掌握技术能力的程度，并能发现学生在学习中存在的问题、知识的模糊点和错误，以便学生能够将其解决。而健美操随音乐而动，动作形式多种多样，学生在收到反馈的时候，会根据自己的学习状况，做出相应的调整，从而使教学效果最大化。通过这种方式，教师能够跟踪学生的整个学习进程，同时也能对自己的教学方式进行调整，从而达到师生的共同提高。总结性评价是期末对学生的学习状况进行总结，这种评价无法很好地起到激励和反馈作用。相关研究发现，如今多数高校仅采用总结性评价，对学生在学期中、学期末进行技术评估考核，仅注重学生的最终成绩如何，无法及时掌握学生在学习中的情况和遇到的问题。有机结合形成性评价和终结性评价，可以使得每个阶段都根据教学目的进行调整，通过教师对教学方式的调整，以及学生对自身学习状况的调节，使得教学过程更为合理。

从评价主体层次来看，应该有机结合教师评价和学生自我评价。与其他竞技项目不同，学生通过健美操的学习不仅会获得身体形态上的改善，而且还会伴随着审美能力与心理素质状态的提升。如果仅选择教师评价方式，那么就只能单方面从感官上对学生技术动作的学习程度进行评价，而无法看到学生审美、创新能力上的提升。作为教学主导者，教师除了要对学生身体素质和学习状态有所了解之外，还应了解学习过程中学生的内心成长，以学生学习状态和运动能力为依据，不仅需要了解学生的身体素质基础、学习状态，更要了解学生在学习过程中内心的成长，根据学生的学习状态、运动能力，开展多种富有针对性的教学评价活动，从而充分调动学生的积极性。例如，在教学中进行小组比赛，运用让学生互相打分的形式，来进行学生互评。让学生参与教学评价，学生会以教师的视角来审视自身的不足，也能体现学生在教学过程中的主体性和自主性，并且有利于调动学生在学习过程中的"攀比心"和积极性。在这种学生互评和学生自评过程中，学生会产生自我反馈机制，健美操教学是师生不断学习新知识的过程，这种自我反馈机制有助于学生及时纠正错误，拓宽了教学反馈的渠道，也激发了师生在教学过程中"教"和"学"的潜力，促进师生共同发展。

教学改革至今，教学评价已经不仅仅是对学生的技术能力和身体素质最终结果的考核。教学目标的多维度、学生知识学习的广泛性等也使得教学评价内容的多元化。不仅重视学生技能的掌握程度，而且更增加对学生的创造性思维、审美能力、知识掌握的全面性考察。评价内容的多元化，可以关注到学生不同方面的成长，注重结果的同时，更注重过程，考试采取平时表现与期末成绩相结合，想让学生稳定进步，就要更多地关注学生在学习过程中的难易点，将过程性评价与终结性评价手段有效地结合在一起。实践考试不仅测试课堂教学内容，而且增加创新环节，让他们学有所用，在原有知识的基础上有所编创，以此来激发学生学习的欲望，更能有效地温故知新。理论考试除了对运动保健、生理卫生的考察，还应该合理增加对健美操时事新闻的考察。这样不但能督促学生对卫生常识的学习，而且关注健美操时事新闻以及赛事还能激发学生学习潜力。

高校在大学体育健美操教学上应注重教学评价的改革，因为学生存在个体差异，教学中也有诸多因素的影响，评价应该多元化、多样化。不仅有教师对学生的评价，学生互评、学生自评更能让学生认识自我的不足，评价方式除了终结性评价，还应该存在诊断性评价。在健美操教学中，及时发现学生在学习时的短板，使学生能够进行查漏补缺，在提高健美操教学质量过程中，教学评价方法的应用也起着重要作用。

（五）利用新媒体提高大学生的参与积极性

现如今是一个互联网的时代，"互联网+"使得现代教育技术得到了快速的发展，传统课堂中的一些缺点得到弥补，比如，因为没有笔记而导致无法复习等情况，通过新媒体，教学的理论知识不再匮乏，学生的需求更好地得到满足，在特殊时期，利用线上教学做到"停课不停学"。

在互联网信息时代，我们有了更多的渠道来获取知识，且更加的快速和便捷。那么在高校健美操教学当中，教师同样可以充分利用新媒体，将新的教学方法的优势充分地发挥出来，同时弥补旧的教学方法的不足，创新教学。通过新媒体，学生可以掌握更多的新媒体使用方法，而且他们也更愿意学习，这样就使他们对学习的兴趣大大提高，并且获得成绩的提升。

和传统教学方式相比，微课的优势主要包括以下几个方面：

微课可以直观地将示范呈现出来，使得动作建构清晰地展示出来。现在几乎每个学生都有手机等电子产品，学生可以在线进行学习，微课通过视频的形式对传统的课堂教学的缺点进行弥补，学生对于这种在线视频的方式更容易接受，他们会对此表现出很大的兴趣。再加上视频的讲解更加直观，学生们可以享受到一对一辅导的感觉，学生通过自己的理解建构剖析重难点，他们对动作的掌握会更加深刻，在学习的过程中发挥了自身的主观能动性。

对于教师来说，微课让学生的学习效率更高，学习兴趣更浓厚。对于学生来说，微课作为辅助教学对自身的价值是非常高的，学生的学习效果更加理想，自身也会更加自信，这就会使得学生对学习的满意感大大增强。

在微课这种非正式的学习环境下，学生的帮助与促进者是教师。有关体育课程教学政策文件提出教师教学要讲究方式、方法，要突出个性化与多样化，创新教学手段，提供学生的学习兴趣和积极性，教师主导和引导，使得学生的主观能动性充分发挥出来。建构主义理论为微课教学提供了理论支撑，教师从知识的传授者和灌输者逐渐变成学生学习的帮助者。微课打破了旧的教学模式，即教师教、学生学的模式演变成以学生为中心、教师辅导的模式，教师更多地起到了引导的作用，学生自主进行探索发现，当然，这并不是说教师就是可有可无了，教师仍旧是独立存在的一个无法替代的角色。

学生可以更加熟练地掌握各种动作，在展示环节提高自己的自信心。体育教学的难点就是技术动作，健美操有很多动作，并且衔接紧凑，如果学生没有接触过健美操就会觉得学习非常困难，或者由于身体不协调导致无法跟上教学的进度。由于学生在初期没有掌握好基础性的动作，到了后期，一些难度系数大的动作就更加无法掌握，这就导致学生的自信心受到打击，从而对健美操课程失去兴趣。而微课则有重放、慢动作播放和定格等功能，所以学生可以反复观看，掌握动作要领。学生可以更好地理解技术动作，可以及时进行巩固复习，降低出错率，学生不仅更有自信，而且还提高了综合分析问题的能力，在课堂展示阶段也会更加勇于展现自我。

微课作为一种新的独特学习方式，能够很好地满足学生的需求。这种微型学习具有很高的灵活性，使得教学不仅仅局限于课堂和线下，学生也可以更加自由地安排自己的时间，他们可以个性化地选择学习内容，也可以任意选择学习地点，无论是寝室还是操场，学生能够随时随地进行学习，并且根据自身的学习水平安排自己的学习任务，提高学习效率，与当下的快餐式学习相呼应。

微课的学习氛围相比传统的课堂教学模式要更加轻松，学生的学习效果也会更好。学生掌握了各种技术动作，在课堂展示环节更加自信，在之后的学习当中也可以跟上教师的进度，最终学习效率也会提高，学习变得轻松，那么学生的兴趣就会大大提升，从学习健美操到学会健美操，再到会学健美操，微课使得健美操的学习过程更加愉悦，学习效率也得到提高。

微课使得教师有了更高的教学水平和更强的专业知识。微课短小精炼，学生学习非常便捷，但是对于教师来说却是一项巨大的挑战，教师不仅要拥有牢固的专业知识，还要充分理解教学的思维和方法。教师要通过微课让学生可以清晰地看到各种动作技能，用简洁明了的语言让学生消化和掌握，这就要求教师注意细节，精益求精。

(六) 完善健美操教学的硬件设施

推广大学生健美操离不开学校的各种硬件设施，高校健美操场地器材不充足、设施不完善、师资缺乏、师生无法充分利用各种资源，这都影响了健美操的推广和发展。高校要拓宽资金来源渠道，加大资金投入，扩大教师队伍，改善教学基础设施，提高物质基础水平，提高健美操课程质量。

第三节 大学生健美操教学创新

一、创新教学模式

在对健美操教学模式创新时，要时刻把握当今时代的发展现状，保证学习健美操的学生能够得到全方面提升，同时，避免传统教育思想对创新的限制，提升学生对于健美操学习的主动性，让学生可以自由探索新的健美操形式，并研究对应的练习方法。教师通过对学生提出的可行性建议进行合理评估，以此方式提高学生的综合水平。

(一) 创新指导思想

在设定健美操教学课程时，需要对当下时代教育发展进行深入分析，明确在教学过程中，对学生素质教育的重要性。

在日常对学生进行健美操技能提升时，需要关注当前学生的身心情况，并将二者结合，制订个性化的教学方案，将提升学生的综合素质作为教学主旨。

(1) 因材施教

在新教育理念背景下，教学的主体逐渐由教师转变为学生，他们不仅是被教育者，同时也是教师教学效果的体现。通过学生对教学内容的吸收程度，考核教师对预期目标的达成效果。因此，在现代健美操教学过程中，教师必须认清这一新趋势，避免为完成教学任务，而只注重单方面传授，忽视学生对教学内容的接受程度。不同的学生其接受程度存在差异，且每个学生的基础也不相同，此时，教师在实际教学中，需要清楚地知道新课程的要求，设立不同的教学计划，通过营造师生互动的教学氛围，提升学生的学习积极性，借此提高教学效率和质量。

（2）多元化

健美操运动是将音乐与身体姿态相结合，完成一种特殊运动的健身项目，其中包含的各项基本技能需要相互融合、配合，这样才能呈现最佳的效果。在实际教学中，教师需要对所有技术动作严格规范，对学生进行规范化教学，保证学生的基本功扎实，为将来学习高难度的技术动作、接受快节奏音乐夯实基础。

通过教学任务和实际需求相结合，在由简至繁的教学过程中，逐步提高学生的表演技巧。将高难度动作拆解，让学生能够清楚地理解每个动作的本质和伸展规律，构建学生对正确动作的认知。

（3）自主性

随着新课程的推行和实施，体育教学的目标不再是单一的技术达标，而是培养具有全面综合性的人才。所以，现代健美操教学的重点，逐渐偏向对学生思维模式和自主探究能力的构建。教师要根据教育部制订的教学大纲采用新的教学方式，使得学生可以主动学习。教师还要对学生的心理动态进行掌握，根据实际情况对教学方式进行调整，使得学生的基础更加牢固。

培养学生的观察意识和思维模式，这不仅是教学过程中的基本要求，同时也是学生对动作理解程度的必要前提。由于人体生理构造的原因，身体的多数机能需要通过后天的练习得以巩固，这一原理同样适用于现代健美操教学。在实际教学中，培养学生的观察能力是教学环节中的重中之重，保证学生的视野不局限于当前的认知，再通过积极地练习，大量接受实战检验，通过互相竞争的方式，提升学生的随机应变能力，全方位地反映学生技术动作的熟练程度以及队员团结协作的深远意义，如此，才能够有效完善学生的思维模式，同时向着合理的方向持续发展。

（二）创新教学目标

设定教学目标时，需要结合当前阶段的发展情况，对教育发展目标进行调整，保证其与时代相结合，同步于时代发展。在实际教学过程中，需要根据不同学生呈现出的不同情况，制定出个性化、具有可行性的教育指标。避免理想化的教育方式出现在教育环节中，导致最终教学目标的偏离。

教师还需要做到在不同的教学阶段，设定不同的达成目标。通过目标递进方式，保证学生对健美操持有长期的学习兴趣，化被动为主动，提升教学效率。

在大学生健美操教学过程中，可设置如下教学目标：

对学生可能形成的、更好的健美操习得和锻炼过程中的习惯进行干预。让学生在系统学习以及不断训练中，对健美操动作的技术要领、操作方法、练习技能以及动作原理进行更好地掌握，最终以体育以及综合素质的增强作为目标。

通过对健美操的构成以及核心动作的编排进行认知，并对锻炼和练习过程中形成的目的与方法扎实把握。

涉及竞技健美操的部分，要明晰其动作本身及其组成和评价规则，了解健美操对身体和心理的影响。

将理论和实践结合起来，提升学生在习得健美操技能方面的要求，并且让其从根本上认识到练习健美操在提高个体身体素养以及改善生理状态上的重要作用。

学生要在锻炼过程中，对自己身体健康状况和机能情况有一个客观的认知，在体育健身和锻炼过程中形成适合自身的方法。

教学中，注重学生在学习中的主体地位，将学生个人在学习过程中展现的身体能力条件作为依据，形成独具特色的教学计划和实践方案。

（三）创新教学方法

在实际情况中，健美操教学需要时刻清楚时代发展的现状，并预测未来的发展方向，及时调整教学方法，保证与时俱进。在具体教学中，教师可以根据不同能力阶段，划分不同的小组，通过各小组之间的正向竞争，积极调动学生的学习积极性，并通过小组职级划分，锻炼学生的协调沟通能力和对小组的责任意识，保证学生具有良好的竞争心态，通过学生主动学习的方式，完成教学内容。

第一，注重基础部分的教学与训练。对动作本身进行讲演，进而分析健美操教学的重要部分。必须注意的是，只有一整套动作并不能构成健美操教学，而是应该将健美操动作的核心，当作教材编定过程的重要参考，在夯实基础动作的同时，对学生应该习得的知识迁移进行同步引导，让他们学会灵活运用。教师在教学过程中，只需要教一个或一套主要动作，学生便可依据这些将基础动作灵活运用，并同时掌握同类型动作。如何让学生实现创造性学习，需要在教学中，注重学生自觉思考并进行联想的能力，注意新旧知识之间的融通和练习。

第二，以导代教。在学生创新能力的培养中，并没有完美的模式去遵循，实现这一点最重要的在于方法的创新应用从教师出发，以正确教法引导学生正确地学习，以教促学，实现教学培养计划和提高效率的目的。面对简单动作，教师需要做到"一次通过"，即示范便可令学生理解、把握、领会。面对具有难度的动作，教师需要运用理论并联系实践，让学生更好地把握动作的核心及要求。不能将健美操的教学仅仅停留在教师的理论讲解层面，而是要将实践、理论、练习三者结合起来。学生以学习动作、肌肉实现的运动不断领悟动作本身的核心和需求，再与动作的实现方法、本身规律、动作节奏感进行结合，真正理解和把握健美操教学。

第三，实现教学相长。促进教师与学生之间形成合作、互助的关系。当前，高等院校的健美操教学仍然以传统的教学方式为主，学生严格执行课堂纪律和教师的教导，甚至在动作练习上注重整齐划一。传统的教学方式对学生形成主动创造的特质具有很大的限制，更无法形成教师指导、学生之间互帮互助、主动进行检查与纠错的教学相长的创新环境。在这样的创新环境下，学生不仅在学的环境中互相帮助，而且更能够形成一个互相鼓励的氛围，在课下进行讨论与交流，实现最终的进步。

因此，在教学实践中，教师在做出示范和进行讲解后，更需要及时将学生组织起来进行练习，或者采用学生分组的形式，做各种示范，采用表演或者进行小组之间表演的方式，增进师生之间的沟通交流，准确把握学生存在的疑惑和掌握学生的需求。采用这样的教学方法对于健美操教学而言，可以在提高其教学质量的同时，提高学生对学习的兴趣，提升自身的创造力。

除此之外，在创新健美操教学方法的过程中，还要做到以下几点：

（1）充分意识到理论课学习的重要意义

在理论和实践方法上，健美操运动与其他体育运动无异，都有自身完备的体系，完备的体系是健美操这一运动能够顺利实践的重要理论因素。但是在教学过程中，需要更加注重实用程度，将如何掌握动作的核心以及技术理论作为重要内容的同时，需要将与健身相关的知识适时讲授。应用在个例中，便是健美操在人体质改善过程中起到的作用、在培养个人性情上具备的功效、锻炼时该如何掌握技巧以及应采用的方法、怎样达到将身体技能进行调节的目的、自身如何安排锻炼健美操和控制运动量、将竞技健美操和普通健美操进行区隔、实时监测身体健康指数、对自身进行健康管理等。在这样的实践过程中，开阔学生的视野，在实践过程中应用理论，在思想与行动上形成统一，将学生体育锻炼的思维和意识进行强化，最终实现学生主动参与体育锻炼的目的。

（2）推动教学内容精品化

以学生为本的教学改革，在教学内容、教学方法和教学手段方面都更加注重多元化，从而代替传统意义上僵化教学。当然、健美操的内容也是实时更新的，在不同阶段有着不同的教学内容和练习方法，使得不同时期的学习者拥有不同的学习效果。要求教师对教学信息和内容拥有更强的再加工以及整合能力，保持对时下健美操教学资讯的时时关注，并快速做出反应，及时将教学内容以及方法进行调整。从发展趋势上，将健美操教材所推广的内容，在过去和当下角度综合对比并进行分析，在符合时代要求、日常实用以及针对人群特性方面不断地进行深化，在制订和设计教材的过程中，满足学生的需要。

（3）以合作学习的模式激发学生在学习过程中的创造性

不难发现，合作学习能够充分调动学生学习的积极性，并实现学生主动学习的目标，对教学效果的改进具有重要意义。因此，当我们希望对高等院校健美操采用的教学方法进行创新时，不仅要对教学内容做到合理调整与改进，使学生之间建立共同合作的学习关系，以合作本身促进健美操教学环境的改进、课堂教学氛围的活跃、学生学习激情的提升。在课堂上，教师采用分组的模式，学生之间通过对学习内容和产生问题进行讨论，实现合作学习，使课堂学习达到事半功倍的效果。

（4）在学习过程中，不断提升学生学习的信心

如果在健美操教学过程中，将创新意识贯穿其中，对教学本身所能够产生的效果和提升教学质量起到至关重要的作用，还能借此提升学生对健美操学习的信心，最终实现全面提升学生综合素养的目的。

（5）积极运用多媒体技术使健美操教学方法更加多样化

例如，将现阶段新兴的健美操视频通过多媒体形式展现给学生，锻炼学生的思维能力，开阔学生视野。通过文档列表演示的方式，将日常学习中的流程传授予学生，归纳总结，通过系统性梳理，保证学生对健美操的深入了解，清晰掌握学习的整体流程，自我设定阶段目标，以此提高新时代健美操的教学效率和质量。

在创新教育的开展过程中，学生需要实现新旧知识之间的融通，并对健美操教材和节目编排进行积极实践，不断练习，提升学生学习水平的同时，自主进行表演的编排。比如课前，教师令学生采用集体观看的形式，在思想上促进学生对健美操开展积极、主动地编排。采用这样的方式，不仅使学生能够感受到学习成果被赞同，更能够让学生有更强的信心投入日常的学习中，而有利于他们在日后学习中付出更多的精力。

二、构建具有人文素质教育的健美操课程体系

（一）健美操教学中实施人文素质教育的教师现状

1. 健美操教师自身专业素质现状

体育教师有着众多职能，比如，体育竞赛、体育教学、课外体育活动及课余体育训练中的具体组织者以及各级各类学校体育工作的具体执行者，对教师健美操教学能力的提高，进一步提升健美操教师业务能力，可通过多种方式推进。对自身业务能力的提高，关系着学校体育教学任务是否能顺利完成，直接影响教学质量。

教师的主要职责包括组织群体活动、编写教材、裁判等健美操教学训练。基于自身经验及调查分析可知，提高高校健美操教学能力，需从多个层面入手，使教师的素质及能力得到提高，授课中更能激发学生的学习兴趣，使学生的人文素养得到提升。除此之外，高校可以成立一个专门的培训室，为教师提供课余时间进行学术谈论活动、心得体会活动和专业知识教育活动的场地。

2.健美操教师自身人文素质现状

教学组织者和教学引导者是健美操教师两个职业角色，拥有一支高素质的师资队伍是健美操教学中实施人文素质教育的基础和保障。

健美操教师对学生的影响较为多元，教师的欣赏水平及审美情趣直接由教师本身的人文素养高低决定，学生通过具有较高人文素养的教师指导，自身得到提高。大学生人文素质中重要的组成部分是道德素质，教师具备较高的职业道德素质为学生树立榜样，从而对学生形成潜移默化的影响。如今高校重视健美操教师的学历和职称等，但这不是学生应该关心的内容，教师要注重对学生的人文教育以及健美操教学的质量，提高学生兴趣，学生结合不同专业，可以拥有更广的知识，拥有更加合理的知识结构。

（二）健美操教学中实施人文素质教育的学生现状

1.学生对健美操学习态度和学习动机

许多学生选修健美操带有目的性，如有56%的学生选修健美操的原因是其学习难度小、更容易获得理想成绩。学生常常会只重视学习专业知识，没有对培养身体和人文素质投入应有的关注，所以，教师应该在健美操教育中渗透人文教育，采取多种措施展现健美操的美，提高学生的学习兴趣，使得学生不仅能够健美操的知识和技能，还能形成正确的价值观，得到健康的体魄。

通过调查可知，健身街舞、有氧舞蹈及拉丁健美操等受到大多数学生的喜爱，基于此，健美操教师通过学生的不同喜好，将这些课程引入，激发学生的学习兴趣。另外，将拉丁健美操的音乐欣赏及人文背景介绍等融入理论教学中，这对舞蹈传递的精神及文化将会更好地被学生所理解，这是在健美操教育中贯穿人文素质教育的一个重要途径。

2. 学生人文素质现状

目前，很多大学生往往专注于专业理论学习中，并未对人文科学的学习产生实用学习，这导致学生的人际关系协调能力欠缺。这种情况和学校的唯分论存在密切联系，学生本身忽视了人文素质教育也是重要原因。

综上所述，可以将健美操教学中实施人文素质教育的主要问题归纳为几个方面：第一，教育者没有高度重视；第二，健美操教师的素质还需要进一步提升；第三，评价手段单一化；第四，课程体系还需要进一步完善；第五，学生参与的积极性还需要进一步提高。

（三）培养学生人文素质的策略

1. 全面肯定大学生健美操在人文素质教育中的价值

人文素质教育既需要场地设备及课时安排的支持，又需要资金及政策的支持。根据调查可知，健美操教学课时存在条件不充裕及课时安排不足的问题。健美操的运动项目特征不仅能够有效培养人文素质，推动学生身心健康发展，而且还兼具娱乐性及大众性特征。通过教师的积极推进，获得学校的高度重视，借助科教兴国及人才培养战略，从而认识到健美操存在的价值，摒弃以往过于依赖"两课"传统的观念，从而给予教学课时增加、场地设备、资金及政策方面的支持。

2. 完善大学生健美操课程体系

健美操课程要体现出健身的文化性、审美性和健身性，促进学生全面发展，培养学生拥有正确的人生观、价值观和世界观。

对健美操课程内容进行规划设置，提高教学效率及质量。比如，在大学体育课堂中引入选修课、普修课等为主的课程，从而使大学生人文素质教育的课程体系具有时效性与时代性。另外，对知识的结构性、系统性、科学性加以强调，使得健美操课程具有一定前瞻性、综合性及理论性，从而创建一种新的教学内容体系，以此加强师生互动，发挥自我创新，改变传统单一的灌输模式，挣脱旧体系的束缚，培养学生学习的兴趣，增强心理素质及审美能力。

健美操的理论可以指导健美操实践。通过理论课学习，学生能够对健美操的方法、规则及特征等，帮助学生掌握时下最基础、实效性最强的健美操知识和技能，帮助学生树立健身意识和改善体质。

运动常识、生理卫生、保健卫生；比赛、旋律音乐的赏析；动作要领、舞蹈编制等健身原理；动作起源、舞蹈发展等基础理论，统称为健美操四种理论知识内容。这些是学生应当掌握的，把培养基本能力、加强基础知识及传授技能为前提，让学生掌握典型的健美操技术动作，使其更具变换性、适应性及概括性，使得健美操教学质量得到提高。

把基础教学层次目标、专项教学层次目标及综合教育目标等教学层次目标、健美操总体培养目标作为教学目标的制订内容，将健美操及现代教育两种教学特点相结合，从而制定总体教学目标。

学校应当合理安排健美操理论课，既帮助学生更好理解健美操相关要素，又可以帮助学生对健美操运动的要领及基础知识能够更好地掌握。教师在实践内容方面，应当以强化基本能力培养、传授技能及基础知识为基础，让学生掌握典型的健美操技术动作，帮助学生对健美操的基本技能全面掌握然后，引导学生对舞蹈动作进行独立编排，调整已经学习的基本动作，从而提升学生对创造能力及所学技能的掌握。

此外，健美操的教学内容得以扩建，应适当在健美操的实践教学内容中，引入时尚且富有时代气息的健美操，比如搏击健美操、爵士舞、慢摇、街舞等，基于以上内容，既能使课堂教学内容的多样性得到满足，还能够激发同学们的学习兴趣。

3. 完善健美操教学的手段

随着新知识和新技术的不断涌现，科学选择和运用教学方式能够有效提高教学质量，健美操教学同样是这样，通过分析传统健美操教学可知，学生练习动作时往往表现为整齐划一、步调统一，在实践活动中对学生动作整齐和节拍一致的要求更高。然而，健美操教学不仅仅是让学生会跳健美操，更关键的是借助一定的练习方式来对学生维持身心健康、培养正确体态、塑造良好形体、陶冶美的情操。

随着学习过程地不断深入，大学生掌握了更多的健美操知识和动作，教师可以根据学生学习的实际情况来不断转变教学模式。如自主学习模式，这种转变使得学生的主动学习能力及创造性思维能力得以更好地培养。在课程最后阶段，教师在对单个动作、基本步法及划定套路进行传授时，按照由上至下、由简到繁、由慢到快、由原地到移动、躯干到四肢、移动到跑跳等编排原则，引导学生对动作互相研究，从而使学生的创造性思维能力得到培养。

定期进行学生小组讨论，分别让各组展示，让各组互相评论各自在创编的新颖、动作搭配得合理、协调、流畅等方面内容使得每个学生对独特风格的套路进行创编，充分发挥自己的特点。这样不仅培养创造性思维能力得到，还能激发学生的练习兴趣。经过数次课程的练习，学生可以将创造力及想象力进行最大限度地发挥，将基本动作进行科学选择及组合，对音乐选编工作加以独立完成，从而创造出个性鲜明，形式丰富的成段或成套健美操，使学生的自我主动学习精神及丰富的想象力得以多角度呈现。同时，对考试内容进行变更，把全面发展学生的认识实践能力、心理素质、生理素质作为健美操考试的最终目的，改革考试内容及方法。这是考试达到人文素质教育的目的所在，对能力考试比重的增加，借助健美操能力考试，进一步加强应用能力。

4. 提高健美操教师的人文素养和业务素质

教师的角色不仅决定着健美操教学改革的成败，在教学组织中处于核心地位，而学生又是健美操教师的直接接触者，在渗透人文素质教育的教学中发挥着十分关键的作用。健美操教师除了对健美操的实践动作及理论知识加以传授，更为重要的是起到表率作用。教师的一言一行和工作态度都对学生有着重要影响，对提升学生的人文素质教育具有重要作用。教师要想通过健美操让学生提高人文素养，那么其自身的人文知识、专业知识就必须要扎实，并且拥有优良的道德素质。

当前，我国高校的健美操教师仍需要提高自身素质，所以要想推动人文教育的进程就必须要提高健美操教师自身的人文素养和专业水平。健美操教师自身也应该意识到自身的不足，弥补自己专业知识和人文修养的不足，帮助学生掌握人文知识，让学生积极主动地进行学习，磨炼意志，锻炼社会协调能力和合作精神。

健美操教师的具体做法主要包括以下几个方面：

（1）对健美操的教学意识进行明确

我国高校目前对于健美操的人文教育渗透重视不足，单纯地将健美操作为一种体育锻炼的形式，所以，作为高校健美操的教师，首先自身素质要高，同时学校也要开展相关工作来提升教师的教学意识。

（2）教学积极能动性

健美操教师要掌握学生的心理，主动了解学生的状况，对于教学中的问题要及时发现，并且及时纠正，这也是健美操教学改革的关键。此种做法不仅使得健美操教师的积极性得到提高，还大大加强了健美操教师的师资培养，对学生的学习和成长加以关注，使得学生能够具有一定的积极性，把学生培养成为全面发展的人。

健美操教师要提高自身的业务水平，采用多种方法和手段改正自身的不足，同时，在学校的帮助下进行纠正，不断提高自身的综合素质，将自身的实际能力提高到较高水平，在进行健美操教学时，要充实教学内容，提高学生的学习兴趣和人文素质。除此之外、学校可以大力支持教师在课外"充电"。人文素质教育并非短时间可以完成的事情，要厚积薄发，在健美操教学中有效实施人文素质教育，促使人文素质教育渗透在教学的所有环节。

5.拓宽参与健美操渠道与提升学生人文素质

影响健美操教学的重要因素是学生拓宽参与健美操教学的途径主要有如下几个方面：

（1）发展多种多样的健美操课外活动

健美操课程可以进行延续积极进行课外活动，使得学生拥有充足的健美操活动时间，通过各种实践活动来熟练掌握健美操，可基于自身的情况加以锻炼，通过建立领操员制度，激发学生学习的积极性。创造更好的条件、使健美操房的硬件设施得到改善，充分发挥教师的指导作用，营造寓教于乐的宽松环境。此外，外聘校外健美操指导人员，有效指导学生对健美操的练习，弥补健美操教师业务的局限，有效改善课余健美操锻炼的效果。

（2）组织健美操比赛

对全校或院系的健美操进行定期比赛，使大学生的竞争意识增强，使学生更好地体验健美操乐趣，享受团队氛围、使学生的责任感得到提高，培养学生的组织能力，使学生的身心健康得到发展，丰富业余生活，从而丰富人文素质教育的内容和形式。

（3）加强校内健美操社团建设

通过开展形式各具特色、内容丰富多彩的运动竞赛活动及社团活动，设立俱乐部、健美操协会等，让学生保持长期锻炼健美操的习惯，激发学生学习健美操的兴趣，使学生能够充分体验健美操的内容，使学生从事校外俱乐部健美操练习的水平得到提高。

三、动作创编创新

创新在健美操的发展过程中起着至关重要的作用，甚至决定着健美操的发展。大量编创实践证明：人们更喜欢锻炼功效强、可负荷的运动量和难度适中、自身富有吸引力的健美操。

（一）不同身体部位动作组合创新分析

在编排创新过程中，尤其是教学组合动作的编排创新，必须重视基本组合练习，并将练习作为中心，进而实现单一或多个动作组合的多样化排列和连接在提升学生力量素质的同时，促进基本动作的协调一致性。

（1）熟悉健美操的基本动作

第一，头部的屈、转、绕、绕环；第二，肩部的提、沉、绕、绕环；第三，上肢的举、屈、伸、摆、振、旋、绕、绕环；第四，胸部的含、挺、移；第五，腰部的屈、转、绕、绕环；第六，髋部的顶、提、绕、绕环；第七，下肢的踏步、开合跳、吸腿跳、踢腿跳、弓步跳、弹踢跳、后踢腿跑等。只有学会健美操的基本动作，才能掌握更多的健美操动作组合，后续才能学会更多的成套动作，因为基本动作是动作组合和成套动作的构成因素，所以掌握好基本动作，就是掌握好健美操的基础。

（2）对高冲击步伐动作组合进行创新

高冲击步伐动作具备多种多样、极富弹性的特点。同时，高冲击步伐动作也是健美操与其他类型体操的区别之一。现在这套 10 个 8 拍的跳跃动作组合，集中了几种健美操中的主要高冲击步伐，在此基础之上，再配以更加有力的上肢动作。经常练习这样的组合动作，对下肢力量的发展和提高协调性都大有裨益。

（3）以髋部动作组合为内容进行创新

由顶髋、提髋、绕髋和髋绕环动作组成髋部动作，作为由髋发出的基本动作，结合举手臂、屈伸和头部动作。这样的动作组合不仅内容简单，而且对于健身学习者而言，也容易习得无论是变化方向还是增加练习次数，健身学习者都可以根据自身健身需求，决定是否增加健身运动的负荷、并及时提升自身在健身练习中获得的趣味性。除此之外，经常进行这样的动作练习，能够帮助学习者提升竞技运动中的灵敏度，增添上肢与运动进行配合的协调度。

（二）竞技健美操动作创新

竞技健美操需要通过创新来进行发展。创新竞技健美操可以通过创意的主题、创新的难度、个性化的服装、巧妙的过渡、新颖的队形变化、独特的动作、新奇的音乐、出人意料的首尾等。

竞技健美操动作创新主要是技术的创新，创新主体结合健美操的基础理论和动作，在原有技术的基础上进行结构、原理、功能、方法等方面的创新，也可以引入新事物，使得健美操的理论和技术体系变得更加完善、更加新颖。

竞技健美操动作创新包括四个部分，分别是难度动作、操化动作、过渡与连接以及托举与配合动作创新，这四个部分之间有着紧密的联系，他们可以相互过渡。

1. 上肢的操化动作创新

（1）对称与非对称动作变化

在特定变换条件下，如对于平面的反映、绕直线的旋转等情况，相同的部分有规律地进行重复的现象就叫作对称与非对称动作变化，也就是说，这是在一定变换条件下的不变现象。在竞技健美操上肢操化中，上肢以人体的垂直轴为对称轴，斜上、斜下、前平、斜前、上、下、侧上、侧下、侧平等动作在理论上经过折叠之后是能够完全吻合的。这些对称动作和人体的对称习惯是相符合的，也容易学会。非对称的操化动作就是在理论上围绕人体的垂直轴无法重合的动作，或者人体上肢左右两边形态不同，也就是上与下、左与右、前与后等非对称。非对称动作较为复杂，运动员必须要有很强的协调能力才能施展动作，并且需要经常练习。对称与非对称的技术动作创新可以通过水平、冠状等不同空间或者采用内收、旋内、屈、展、外展、旋外等不同的双臂动作来进行。

（2）肢体杠杆的不同变化

在竞技健美操中可以对短、中、长三种类型的肢体杠杆进行创新。短杠杆可以快速到位，节省时间。例如，如果第1拍是左臂肩侧上屈、右臂肩侧下屈，那么第2拍就可以调换一下方向，改成右臂肩侧上屈、左臂肩侧下屈，也改成由屈变伸等。长杠杆的动作幅度较大，使人感受到舒展。例如第1拍为双臂侧平举，那么第2拍就可以改为双臂上举等一系列动作。一般情况下，短、中、长三种杠杆通常会进行交叉创新，肢体杠杆长度的变化通常通过大小绕环等动作进行。这样可以让观众感受到舒展的感觉，体会到健美操的美。

（3）不同节奏变化

操化动作的节奏有慢、中、快三种，节奏不同，动作的力度也是不同的，一套优秀的竞技健美操套路应该给人抑扬顿挫的感觉，有起有落，跌宕起伏，节奏变化是无穷无尽的，包括慢+中+慢+快、慢+慢+快、慢+中+快+快、慢+快+慢、快+慢+快等，节奏的设置可以根据运动员的能力来调整，在开始、中间和结尾采用不同的节奏变化，如果运动员能力较强，那么就可以设置多个节奏的起伏点，使得整套体操更加有魅力。

2. 下肢的操化动作创新

竞技健美操的下肢操化动作主要包括七个基本步法，分别是踏步、后踢腿跑、踢腿跳、吸腿跳、弓步跳、开合跳、弹踢腿，通过对这七个步法的多种组合，再加上对速度、高度、角度、节奏与方向的把控进行动作创新。例如，踏步转变角度就成了"A"字步或者"V"字步，再比如弹踢腿，也可以转变方向，可以是前踢，也可以是侧踢等。

第五章　大学生健美操运动损伤及防治

健美操作为健身锻炼常用的方式之一，以其简单方便、社会性强的优势，越来越被广大人民群众所喜爱。本章的内容为大学生健美操运动损伤及防治，主要探讨了大学生健美操中的运动损伤及大学生健美操运动损伤的预防与处理。

第一节　大学生健美操中的运动损伤

一、运动损伤的特点

运动损伤是指在进行各项体育活动时所发生的损伤，运动项目、运动水平、运动技术、运动环境以及运动训练的安排等都有可能导致不同的运动损伤发生。

运动损伤学属于临床学科，主要探讨的就是在体育运动中发生损伤之后该如何进行治疗，以及如何预防损伤，并找到损伤的发展规律。在治疗工作中，运动损伤的疼痛以及运动功能受限的问题是必须首先要解决的问题。在运动系统伤病中，最常见的就是慢性软组织损伤，这也是运动损伤治疗工作的一个难点问题。而预防工作的重点就是预防严重意外损伤和预防多发的运动技术伤病。

健美操训练作为一项体育运动，融合了体操、舞蹈性动作以及音乐等相关内容，体育领域对这项充满节奏美感和形体美感的运动相当认可。但是，这项运动需要有较高的技术含量，稍有不慎就会导致损伤的出现。

健美操运动中会融入一些舞蹈和体操的动作，使得这项运动具有自身的特殊性。在训练过程中，如果用力点不稳，就非常容易发生运动损伤。近些年来，健美操运动得到了推广和发展，但是一些运动损伤的案例也会经常发生，从总体上来看，大腿部分是最容易发生损伤的部位，腿的关节是最脆弱的部分。由于健美操的运动量较大，关节处又很脆弱，再加上发力的原因，比起其他部位，关节就更容易受到损伤。健美操中有很多跳跃的动作，还有一些类似芭蕾的踮脚动作，这就容易损伤脚踝。不仅如此，肩和腰也容易损伤。还有诸如温度、天气等外部环境因素同样会影响到损伤程度。

健美操运动有一些大难度的动作，比如，腾空跳跃、快速跑跳以及各类支撑等使得肢体局部强度增大，一些闭合性损伤就很容易发生，比如，上下肢肌肉韧带拉伤或关节处的扭伤等。

此外，损伤也分缓急。如果发生急性损伤没有得到及时处理，那么就很容易无法恢复，逐渐形成慢性损伤，运动员的运动就会受到影响，长此以往，对运动员的身心都是很不利的。急性损伤通常是由于初学者没有经过长时间的训练，尚且无法负荷健美操运动的高强度。

健美操运动所带来的慢性损伤无论是哪个部位，可能会因为这种慢性损伤而导致其肌肉组织都伤情进一步加重，临床症状显现。长期重复的姿势会使肌肉组织出现肥大增生，如果超越代偿会形成轻微损伤，但是随着时间的积累，这种轻微损伤就会变成慢性损伤。当膝关节伸直时，关节尚处于稳定状态，但是当膝关节半屈曲时，半月板与股骨髁的接触面缩小，在重力作用下在半月板下面的胫骨平台比较固定，如果膝关节的旋转力度一旦加大，半月板就会被损伤。需要注意的是，这种慢性损伤几乎无法完全根治，所以健美操运动员在进行柔韧性练习时，需要注意。健美操还会导致急性损伤，这种相对慢性损伤是容易根治的，但是这种短期内造成的损伤仍旧会对人体造成伤害，膝关节损伤、脚踝扭伤或者是腰部的肌肉损伤，都是很容易发生的。所以，在进行健美操运动时，一定要注意方式方法，尽量避免损伤。

二、运动损伤的原因

（一）准备活动不合理

健美操是一种技能类运动，有很多高难度和变化复杂的动作，这就对大学生的身体素质提出较高的要求。因为健美操运动需要用到人体的很多器官和系统，所以必须要做好准备活动，否则就会容易发生损伤。研究表明，大学生在健美操运动中发生损伤，多半是由于自身的准备活动做得不充分。准备活动是为了使得中枢神经处于兴奋状态，唤醒神经系统的暂时性联系，加速动力定型交叉点的联系，这样就可以使得大脑的分析能力提高，在运动时中枢神经就会调节各个器官，从而可以灵活、协调地完成动作。但是如果准备活动过量的话，也是不合理的，因为运动员的身体如果已经出现了运动疲劳的状态，在训练或者比赛中，还是容易发生损伤。但是相反如果准备活动不充分的话，中枢神经就无法调动各个器官的功能，在运动时，运动员就不会产生很好的协调性，从而也容易发生损伤。不做准备活动更是不可以的，因为身体没有充分地展开，各项机能都没有被唤醒，肌肉的弹性和韧性都不足，身体同样不会协调，损伤发生的可能性还是非常大。

（二）运动疲劳

运动疲劳指的就是已经经过一段时间的运动，身体机能已经开始出现下滑，或者无法再维持预定的强度。大学生健美操发展得很快，强度和难度都得提高，虽然适度的疲劳会提高人体的机能水平，但是疲劳一旦过度，机体就很有可能造成损伤，健美操属于无氧运动，长时间的运动会使得肌肉中的乳酸增多，直观的感受就是感到肌肉的酸痛，产生疲惫感，同时运动能力会下降。健美操要求快速、准确地完成动作，如果没有足够的体能储备，到了后半段，大学生就会出现体力不足的现象，这就会导致大学生的动作不够准确，出现一些技术上的错误，甚至引起损伤。

（三）局部负荷过重

局部负荷过重就是身体的某一部分承担了过多的力量，而这已经远远超过它所能承受的水平。现代竞技健美操运动的结束是跳起落地成俯撑，这种动作需要腕关节承载很大的负荷。如果大学生经常进行高举腿支撑、单臂支撑等难度动作，那么腕关节就会非常容易受损。作为人体最复杂的环节——膝关节，如果大学生经常进行弹踢腿跳、后踢腿跳、大跨跳、开合跳等，这种高冲击力的动作如果没有足够的缓冲就会造成关节的挤压，如果屈膝蹲时膝关节大于90度，那么，因为膝关节负荷过重就有可能会造成损伤。

（四）技术不规范

要想预防运动损伤就必须掌握正确的技术。因为技术的不规范就会违反人体的生理结构特质，发生损伤。规范的技术充分考虑了各器官活动的规律以及运动力学原理，同时，还参考了生理学、医学、力学等方面的相关知识，使得人体的潜在能力可以得到充分发挥。技术是对共性特点和一般规律的反映，但是在实际训练和比赛中还需要充分考虑运动员自身的独特性，最佳的技术不仅反映共性，还能体现个性。所以，规范的技术要求控制身体姿态，能够将动作流畅地衔接起来，并且进行落地后的缓冲。在竞技健美操运动中，平常训练要尽量使身体保持自然的生理曲线，尽量避免过度弯曲和过度伸展，膝关节和脊柱都要特别注意其保护。因为技术的不规范通常会引起损伤的情况，主要包括以下几种：过快过猛的头颈部动作可能引起颈椎和颈部肌肉的损伤，头部过度后仰、过度背伸和过度侧屈都会压迫脊椎。膝盖深度弯曲小于90度会压迫膝关节。跳跃落地动作如果不注意缓冲会损伤踝关节。过度前屈会使得腰部的压力过大，挤压椎间盘，甚至拉伤腰部肌肉。直腿腹肌练习也会压迫腰部肌肉，感到腰背疼痛。

（五）身体素质差

身体素质包含多个方面，分别是协调能力、灵敏素质、柔韧素质、力量素质、耐力素质。我们将身体素质分为一般身体素质和专项身体素质，只有良好的身体素质才能使得动作安全完成。竞技健美操需要运动员具有良好的身体素质，因为竞技健美操有很多高难度动作，一般的身体素质无法进行高强度训练，也就更无法出色完成动作。有一个观点是"素质先于技术"，参与竞技健美操的大学生要具备出色的力量素质来保证动作完成所需的力度，要有稳定的平衡能力来使得动作平稳地展现出来，要有完美的柔韧素质来讲动作优雅地展现出来，还要有超常的耐力素质完成平时高强度训练和比赛时高难度的动作，还要有足够的速度和协调能力。大学生要想完成一个有难度的动作，就必须有完成这个动作所需要的各项身体素质。身体素质还要坚持全面地发展，不能因为一些难度动作需要的柔韧性而忽视了对力量和速度的训练。所以参与竞技健美操的大学生必须要全面科学地发展自己的身体素质。

（六）心理因素

研究表明，不良的心理因素可能会导致运动员的损伤，并且在后期的恢复中也会产生不利的影响。不同的学生有着不同的生活经历，这就使得他们形成不同的个性特征，这也反映人与人之间稳定的差异性。20世纪60年代人们开始研究个性与运动损伤的关系。经过研究发现，容易发生运动损伤的运动员有一些共性，比如，他们都对比赛的成败过于担忧和在意，想逃避日常的训练，也会想拒绝比赛。很多参与竞技健美操的大学生也会存在这种心理，他们希望取得成功，却又担心失败，这就导致他们很容易产生焦虑，而这种焦虑又会加剧他们的紧张。还有一些大学生心理素质不好，在生活中容易受应激事件的影响。还有些竞技健美操大学生在之前受过伤，尽管经过治疗已经完全康复，但是由于损伤所带来的阴影却依旧笼罩在他们心上，当他们再次训练，回到赛场时，之前受伤的经历就会不自觉地出现在脑海中，他们无法完全投入精力进行比赛，甚至会对赛场感到恐惧，而这种心理状态就又会导致他们的动作缺乏稳定性，由此就很容易再次发生运动损伤。

（七）季节因素

适宜的气候条件对人体内部器官协调运转有所影响，不同的季节和气候条件多多少少会影响人体内部器官的运转。人体无法快速适应外界环境变化，尤其是突然的季节变换，使得还处于另一季节的气候条件的人体无法适应，机体就可能出现不良反应，而这种不良反应就会影响大学生运动能力的发挥，损伤肌体。冬季气温偏低，人体神经传导的速度相对慢些，血液流量相对减少，氧的扩散也减慢。这就导致肌肉的收缩速度减慢，肌肉供氧减少，物质代谢变慢，能量释放减弱，肌肉和关节也更容易损伤，所以在冬季不要提高健美操训练强度。1—3月份开始从冬季向春季过渡，这个时期气温变化大，容易影响人体机能。大学生经过准备活动后，各项机能已经达到理想的状态，可以进行适当的训练，但是如果休息一段时间后，身体机能和肌肉的弹性都降低了，如果再继续进行高强度的训练就容易引发肌肉和关节的损伤。

第二节 大学生健美操运动损伤的预防与处理

一、运动损伤的预防

（一）强化热身训练

适当的热身活动是预防运动损伤的一项重要措施，规范到位的热身活动对避免运动损伤是非常有效的。在进行热身活动的时候，有一些问题必须要着重注意。首先，要根据实际的情况来安排运动量，准备活动的内容也要根据具体的训练项目来决定。其次，要对自身的身体素质进行了解，教师同样也要了解学生的身体状况，所有的热身活动都必须要根据学生的实际状况有针对性地制定方案，并且要注意训练时间的选择，休息和训练的时间间隔也要掌握好。最后，就是要注意气象状况，因为温度会对人体产生影响，所以在训练时要注意当时的天气状况进行合理的安排。

在做健美操之前，一定要做好准备活动。通常的准备活动大约有十分钟，充足的热身可以使身体的肌肉得到充分的拉伸，无论是静态的肌肉还是动态的肌肉只有活动开之后才能避免在运动中损伤。动态的肌肉活动一般指的是一些轻松的身体活动，通过这种运动可以使得身体的心率略微加快，使得血液流量增加，将更多的养料和营养物质输送给肌肉，同时，这样还可以刺激呼吸，呼吸频率加快，肌肉的温度也会略微提高。同时，专项运动的热身也是必需的，要充分拉伸大肌肉群，使得肌肉灵活起来，避免损伤。运动一段时间之后进行了休息，如果休息时间过长的话，在进行健美操运动之前就必须要重新进行热身活动，这样可以预防肌肉与肌腱损伤。加强热身训练主要是通过提高身体和肌肉的温度来对运动的安全性进行保障。通过热身准备，肌肉的供氧增加，有利于燃脂，还可以调节锻炼者的心理状态，使其加速投入运动。

（二）合理安排训练内容和负荷

避免运动损伤要合理地安排训练的内容和训练量，过多地训练就会导致运动疲劳，运动疲劳又容易导致运动损伤。实践表明，训练内容和负荷只有合理地进行安排，才能渐渐地提高运动员的能力和水平。要知道欲速则不达，运动员不可能一下拥有健美操的最高水平，因此，循序渐进是非常重要的，要周期性地进行训练，并根据运动员的实际情况进行安排。针对一些容易受到损伤的部位，要进行专门性的准备活动，因为这些部位往往承担着巨大的负荷，所以必须要做好赛前热身，提高体温和肌肉的温度，加快肌肉收缩，增加供氧能力，提高物质代谢，加快能量释放。除了这些生理上的准备活动，一些心理上的准备活动也是必不可少的，可以调节运动员的心理状态。科学安排训练内容一般在最开始要选择低冲击力的动作组合，通过相对不激烈的准备活动使得自身的体温不断提高，提高神经系统的兴奋性，然后逐渐过渡到高冲击力的动作组合，使得身体的肌肉能够进行充分活动。身体状态会逐渐变好，等到运动员自身觉得身体状态非常好时再进行训练，此时再做一些难度动作就会得心应手了，这样也不容易造成损伤。在训练时，要注意循序渐进，动作的负荷应该由弱到强，动作的速度应该由慢到快。除此之外，在训练负荷的安排过程中，还要注意不要让局部负荷过重，以免造成损伤。在整个训练的过程中高低强度训练要进行结合，积极性锻炼和休息也要相结合。总之，竞技健美操运动的训练内容和训练负荷都要合理、有针对性地安排，尽量有效地避免发生运动损伤。

（三）重视身体的全面训练

预防运动损伤就要重视运动员身体的全面训练，运动员各个方面的素质都要提高。实践表明，运动员必须要具备超强的运动素质，只有这样才能掌握一些高难度的动作，因为只有身体素质足够好，才能承受一些高强度的训练，才能渐渐提高体能，在运动过程中才不会发生过多损伤。竞技健美操是一项难度运动，需要在较短的时间内完成一些大强度、高难度动作。竞技健美操运动要求下肢的爆发力量要强，综合身体素质要好，整体的素质要强。为了使身体得到全面的发展，一些易伤部位和薄弱环节就要加强力量训练，比如一些关节周围的肌肉力量就必须要加强，使得韧带更有弹性，在做运动的时候可以防止拉伤，这样也就使得关节更加稳固，身体就不容易受损。一些具体的训练方法和内容如下：为了防止腰部肌肉的损伤，可以训练腰部前后肌群；为了防止膝关节的损伤，可以训练大腿前后肌群；为了加强踝关节的稳定性和坚固性，可以进行负重提踵；为了加强膝、肘、肩关节的稳定性与坚韧性，可以进行大负荷屈伸。在训练中动静力量要相结合，尽量不要用单一的训练方法。

（四）重视动作技术的分析和研究

现代竞技健美操的动作已经从低难向高难发展，动作技术更加复杂并且、快速且多变，完成这种高难度动作要格外注意，因为稍有不慎就可能发生运动损伤。要想顺利完成动作，竞技健美操动作技术就必须正确合理，竞技健美操训练有一个重要的环节就是分析和研究动作技术。合理的技术是符合人体运动的力学原理和生物学规律的，人体的潜能会得到充分地激发，然后准确地完成动作。竞技健美操动作复杂多变，运动员不仅要有较高的技术性，还要有充分的协调性，只有将这二者完美地结合起来，才不会发生错误，因为错误的动作往往违背人体的结构特点，这就很容易导致运动损伤，所以进行动作技术的分析是非常有必要的。比如，如果竞技健美操运动员在做科萨克跳时没有用正确的技术，腹直肌就非常容易拉伤，或者在做跳起落地成俯撑类的难度动作时没有用正确的落地技术，那么就容易导致上肢的损伤。所以为了预防、避免损伤，运动员在日常训练时要注意根据自己的特点采用辅助性的练习手段，同时教练员要对动作的技术原理进行认真研究，及时纠正错误的技术动作，使得运动员发生损伤的概率控制在最小的范围内。

（五）注意调节心理情绪因素

心理情绪因素对运动员的损伤也会造成一定的影响。如果运动员心理状态不好，那么就很容易会导致运动损伤的发生，为了尽量避免损伤，同时保证自己在竞技健美操中能够取得优异的成绩，无论是理论还是实践，竞技健美操运动员都要充分分析心理因素在其中发挥的作用。运动员在训练和比赛时过高或过低的动机都有可能造成运动损伤，还有就是运动员如果对于比赛和训练情景产生认识障碍，这也有可能导致运动损伤。一个优秀竞技健美操运动员必须要有稳定的情绪与坚强的意志。倒 U 形理论表明，情绪过低或过高都是不利的，运动员最佳的运动能力都无法发挥出来。如果运动员在比赛之前表现出焦虑的状态，那么他就可能产生肌肉紧张、注意力下降的反应，他会对周围的潜在危险因素感到麻木，交感神经活动也会下降。

（六）重视训练后的恢复措施

在现代竞技体育训练中，大家普遍认同并使用"机能储备"原理。机能储备指的就是运动员的体能和技术的水平比比赛所需水平要高。负荷——疲劳——消除疲劳——提高是竞技健美操训练的全过程。因此，要想取得事半功倍的效果，科学地掌握训练负荷，并用科学的方法恢复身体机能是一项重要的措施。竞技健美操是一项难度运动，复杂多变，动作和技术都相对较难，运动员在经过了高强度的训练之后就必须要进行恢复，否则就会引起过度疲劳，而过度疲劳就会容易导致损伤。所以竞技健美操运动员应特别注意自己的体能，保持充足睡眠，及时补充营养，比如多吃一些瓜果蔬菜或者补充一些维生素、矿物质或者微量元素。除此之外，运动员还可以进行按摩、桑拿，这不仅可以缓解身体上疲劳，还可以放松自己的心理，这样日后的比赛就会更加有保障。

（七）加强医务监督提高自我保护

竞技健美操难度大、强度高、速度快，需要非常注意，稍不小心就会发生损伤，运动员首先从心理上就要重视对自我的保护，比如，在跳跃落地时要让自己的前脚掌着地，这样可以增加缓冲，或者如果做腾空动作一时不小心摔倒一定要让自己顺势翻滚。在训练的过程中要注意以下几个方面：准备活动要充分；在练习高难度动作时具有保护作用的辅助练习是必不可少的；加强身体素质练习；对动作技术要领要正确掌握；竞技健美操运动员除了要进行自我监督，还要重视自己的主观感受，如果产生头晕目眩、心悸乏力或者关节周围肌肉、韧带的酸痛、僵硬等情况，那么就不要再盲目地加大自己的运动量，要循序渐进，掌握好进度和训练的量度，否则一旦发生损伤就得不偿失。此外，还要关注无关情况，场地和服装是否达到标准、要求。如果还是不慎产生肌肉拉伤等情况，那么就要停止训练，进行休息，这个休息的时间通常为2—3天，然后以徒手的静力性练习为主，一周之后再开始适应性练习，要遵医嘱，等症状完全消失、身体完全康复之后再进行正规训练，只有这样才能避免再次受伤。

（八）重视训练后的放松运动

竞技健美操活动的强度非常大，所以在结束训练之后，运动员往往都会出现心跳加速、呼吸加快、肌肉僵硬等现象。如果一直不停地进行训练，关节、韧带、肌肉、软组织都会疲劳，会产生收缩反射，而长时间的收缩反射又容易造成痉挛。要想使得运动员的身体逐渐放松，肌肉逐渐从激烈紧张过渡到安静的状态，适当有效的放松运动是必需的，可以有效预防损伤的发生。运动医学研究表明，要想消除肌肉疲劳可以采用静力牵张类的放松运动。

二、运动损伤的处理

（一）踝关节运动损伤的处理

踝关节一旦损伤，应该立刻采取有效的方法进行处理，这样可以防止伤情加重，也可以将伤势的恢复周期进行有效缩短。具体治疗方法主要包括以下几个方面。

第一，现场急救。如果在训练过程中不慎发生踝关节损伤，首先就应该用拇指按压韧带撕裂处，这样是为了止血。其次，用内翻强迫试验或者踝抽屉试验等方法检查韧带损伤情况，判断韧带是否发生断裂。在检查过程中，为了更好地止血，还可以粘上氯乙烷的棉球压迫韧带撕裂处。当然，还要抬高受伤部位，用医用海绵对伤处进行包扎和垫压，并且尽快将运动员送往医务室，让医生进行更专业地治疗。

第二，治疗早期质量要得到保证。治疗早期指的是踝关节损伤的24—48小时以内。在踝关节出现损伤以后，可能会产生功能障碍，伤处会肿痛，在这种情况下，要尽量避免活动，先止血，之后进行冷敷处理，加压包扎，保持伤部高位，然后不仅要减轻肿痛，还要尽量减少炎症。

第三，中晚期治疗要合理落实。踝关节损伤一两天以后，虽然急性炎症已经逐渐缓解，但是伤处及其周围仍旧会存在出血和肿胀，要想治疗，就可以采用针灸、按摩或者理疗的手段。我们可以将按摩工作作为治疗的重点，前期按摩手法要轻柔，然后根据运动员的实际情况对按摩力度进行调整。到了晚期损伤处的组织已经恢复得差不多了，到时候就只需要通过按摩来恢复肌肉的功能，按摩的时候要重点治疗一些关节和肌肉的部位，到这个时候就需要理疗加按摩，同时逐渐恢复日常训练。

（二）膝关节运动损伤的处理

人体的膝关节是单轴关节，由胫骨、髌骨、股骨构成，是人体的重要组成部分，在健美操运动的过程中也是会经常用到的部位，也是最容易受到损伤的部位。比如健美操运动的半蹲动作，内外侧韧带和十字韧带都相对放松，此时肌肉并没有起到任何保护作用，主要是髌骨和股四头肌腱在起保护作用，这种动作保护少、力臂长，长期进行半蹲动作，就容易损伤膝关节。

当膝关节发生损伤时，我们首先对损伤的类型进行判断。如果听到关节内有响声，并且膝关节渐渐地发生肿胀，运动员会感到持续的疼痛，那么，此时我们就可以大致判断出是半月板发生了急性损伤。半月板发生损伤之后我们需要尽快进行治疗，经过一段时间的休息和治疗之后，如果节屈伸到某个位置时，关节间隙仍旧会感觉到疼痛，但是此时肿胀的程度已经减轻。

当韧带损伤之后，要立刻进行冷敷加压包扎，为了减轻出血和肿胀，要将部分韧带纤维断裂者或关节韧带扭伤者的伤肢抬高，使之处于高位，24小时到48小时后拆除包扎固定，然后再对伤情进行判断，然后采取恰当的方法，比如，理疗和按摩、中药外敷、痛点药物注射等，这里需要强调的是热疗和按摩开始不能用于局部，只能施于伤部周围，三天后才可扩大范围。如果发生韧带完全断裂的情况，首先要进行急救处理，之后要把伤员送往医院，尽快进行手术缝合或者进行固定。

如果发生滑囊炎损伤，那么在急性期要暂停运动，局部可以进行消炎、活血、外敷、消肿、止痛，穿刺抽液后可以进行药物注入，然后再进行加压包扎。如果是慢性滑囊炎者，那么也有很多方法可以选择进行治疗，比如，针灸、理疗、囊内注射等，这些都属于保守治疗的方法，要注意对局部负担量进行控制。如果经过一段时间的治疗，并没有起到任何作用，还是会感到疼痛，活动和关节的功能受到影响，囊壁增厚和病程较长者，可考虑手术将滑囊切除。

如果创伤后出现关节畸形、弹性固定和关节空虚，那么很可能是关节脱位。脱位的处理原则是复位、固定和功能锻炼。

膝关节的损伤一般在受伤后 24 小时内，采取休息、固定、冰敷、加压包扎、抬高等处理。另外，加强股四头肌的力量锻炼和进行方法得当的高位静止半蹲，也都可以有一定的治疗效果。

对于重度损伤的患者，则必须立即局部包扎固定后送往医院手术治疗。

（三）运动性腹痛的处理

在健美操教学中经常会出现运动性腹痛，这不仅影响了教师的教学活动和学生的体育活动，如果处理不当还可能会影响学生身体健康，甚至还会导致学生对健美操运动产生畏难的心理，还有可能会影响到其他学生的心理状态。

发生运动性腹痛时，首先，要平复自己的心情，不要紧张。其次，要逐渐减慢运动的速度，对呼吸节奏进行调整。如果是在竞技健美操运动的过程中产生运动性腹痛，可以申请暂时换场休息。当发生运动性腹痛的时候，具体的做法主要就是，用手按压疼痛部位，然后弯腰跑一段距离，再进行深呼吸，这样疼痛就可能减轻或者消失。

如果腹痛是因为运动中的碰撞而引起的，那就立刻停止活动，然后对疼痛部位进行检查，看看是否有红肿或者破皮。如果有，可以在 24 小时之内进行冷敷，在挫伤处用 1% 紫药水进行涂抹。如果学生被撞后，出现冷汗、脸色发白的情况，就要立刻让学生躺下，尽快将学生送往医院治疗。如果腹痛原因不明，千万不要盲目治疗，应立刻到校医处进行检查、治疗，并及时送往医院。

参考文献

[1] 刘敏.现代健美操运动[M].北京：北京体育大学出版社，2012.

[2] 陈芹.大学健美操课程"课内外一体化"实践研究[J].冰雪体育创新研究，2022（08）：60-62.

[3] 张小龙.广州市高校健美操社团对大学生体育意识影响的研究[J].广州体育学院学报，2021，41（04）：114-118.

[4] 周彦宏.普通高校大学生健美操综合运动能力结构探索[J].食品研究与开发，2021，42（15）：241.

[5] 宋波.高校健美操教学与大学生健康促进研究[J].当代体育科技，2021，11（01）：193-195.

[6] 李婕.健美操训练对女大学生身体形态的影响及方法探讨[J].文体用品与科技，2020（20）：55-56.

[7] 瞿宗奥.大众健美操对当代大学生亚健康状态的改善作用研究[J].体育视野，2020（07）：8-9.

[8] 陈小舟.念动训练对提高女子健美操艺术表现力的研究[J].通化师范学院学报，2020，41（08）：93-98.

[9] 李真，王子聪，韩婷婷.健美操舞蹈化教学对大学生审美意识培养的研究[J].冰雪体育创新研究，2020（15）：31-32.

[10] 韩雪敏.大众健美操与有氧踏板操对女大学生下肢肌力影响的比较研究[D].苏州：苏州大学，2020.

[11] 洪启焕.浅谈高校竞技健美操教学中运动损伤的特点及技术性预防[J].黑河学院学报，2020，11（06）：131-133.

[12] 郁方.健美操训练对女大学生身体形态功能的影响分析[J].当代体育科技，2020，10（17）：17-18.

[13] 张庭.高校公共体育健美操课程引入运动教育模式的实验研究[D].湘潭：湖南科技大学，2020.

[14] 郭凯旋.健美操运动对大学生身体自尊和一般自我效能感影响的实验研究[D].西安：西安体育学院，2020.

[15] 张博洋.基于艺术性视角的我国大学生竞技健美操混合双人操成套创编研究[D].济南：山东体育学院，2020.

[16] 李韵娜.普通高校本科公共体育健美操课程内容体系的构建研究[D].武汉：华中师范大学，2020.

[17] 王旭瑞. 健美操对大学生自信心的影响探讨 [J]. 当代体育科技, 2020, 10 (09): 242-243.

[18] 刘冰. 我国竞技健美操竞赛组织体系优化研究 [D]. 成都: 成都体育学院, 2020.

[19] 黄仕艳. 高校健美操运动竞赛及训练存在的问题与科学策略研究 [J]. 体育风尚, 2020 (03): 31-32.

[20] 陈庆平, 马国锋. 健美操教学对女大学生健康体适能影响的研究 [J]. 运动精品, 2019, 38 (12): 105-107.

[21] 徐姜娟, 朱平生. 健美操教学中对大学生德育的培养 [J]. 科技资讯, 2019, 17 (34): 195-196.

[22] 王一众. 5W 模式下大学生健美操课程微信教学初探 [J]. 西部皮革, 2019, 41 (22): 120-121.

[23] 韩一非. 大学生健美操中美学元素及渗透 [J]. 当代体育科技, 2019, 9 (33): 138-140.

[24] 徐姜娟. 健美操教学中对大学生体育精神的培养 [J]. 科技资讯, 2019, 17 (33): 198-199.

[25] 封静. 高校大众健美操教学中大学生表现力的培养方法探究 [J]. 大学教育, 2019 (11): 146-148.

[26] 侯选莉. 健美操课堂教学行为对大学生主体性培养的机制研究 [J]. 新西部, 2019 (30): 161-162.

[27] 陈萍. 山东省高校大学生对健美操认知与参与的现状分析 [J]. 明日风尚, 2019 (19): 184-185.

[28] 张慧静. 体能训练在大学健美操教学的应用 [J]. 大众标准化, 2019 (12): 211-212.

[29] 杜振中, 吴瑾. 基于健美操微课的大学生创新思维发展策略研究 [J]. 当代体育科技, 2019, 9 (26): 8-9.

[30] 田茂林. 健美操运动对高校校园文化建设的促进作用 [J]. 文体用品与科技, 2019 (17): 22-23.

[31] 白雪梅. 探究健美操训练对大学生身心和谐发展的影响 [J]. 体育风尚, 2019 (08): 21.

[32] 陈丝语. 竞赛规则改变下我国健美操运动发展研究 [D]. 石家庄: 河北师范大学, 2019.

[33] 丁妍. 线上线下混合式教学方法在大学体育健美操课教学中的运用研究 [D]. 长沙: 湖南科技大学, 2019.